O Amanhã nos Pertence

A leitura espírita nos fortalece transformando dores em alegrias, saudades em esperança, tristeza em compreensão! Eu desejo que este livro lhe traga muita paz, luz, sabedoria e amor.

O Amanhã nos Pertence

O Amanhã nos Pertence

OSMAR BARBOSA

Pelo espírito Nina Brestonini

O Amanhã nos Pertence

Book Espírita Editora
2ª Edição

| Rio de Janeiro | 2017 |

OSMAR BARBOSA
Pelo espírito Nina Brestonini

BOOK ESPÍRITA EDITORA

ISBN: 978-85-92620-03-5

Capa
Marco Mancen | www.marcomancen.com

Projeto Gráfico e Diagramação
Marco Mancen Design Studio

Ilustrações Miolo
Aline Stark

Revisão
Josias A. de Andrade

Editor
Michelle Paixão

Marketing e Comercial
Michelle Santos

Pedidos de Livros e Contato Editorial
comercial@bookespirita.com.br

Copyright © 2017 by
BOOK ESPÍRITA EDITORA
Região Oceânica, Niterói, Rio de Janeiro

2ª edição
Prefixo Editorial: 92620
Impresso no Brasil

Todos os direitos reservados e protegidos pela Lei 9.610, de 19/02/1998. Nenhuma parte deste livro pode ser reproduzida ou transmitida por quaisquer formas ou meios eletrônicos ou mecânicos, incluindo fotocópia, gravação, digitação, entre outros, sem permissão expressa, por escrito, dos editores.

~

Outros livros psicografados por Osmar Barbosa

~

Cinco Dias no Umbral

Gitano – As Vidas do Cigano Rodrigo

O Guardião da Luz

Orai & Vigiai

Colônia Espiritual Amor e Caridade

Ondas da Vida

Joana D'Arc – O Amor Venceu

Antes que a Morte nos Separe

A Batalha dos Iluminados

Além do Ser – A História de um Suicida

500 Almas

Eu Sou Exu

Entre Nossas Vidas

Cinco Dias no Umbral – O Resgate

O Lado Azul da Vida

Agradecimento

Agradeço, primeiramente, a Deus por ter me concedido esse dom, esse verdadeiro privilégio de servir humildemente como um mero instrumento dos planos superiores.

Agradeço a Jesus Cristo, espírito modelo, por guiar, conduzir e inspirar meus passos nessa desafiadora jornada terrena.

Agradeço a Nina Brestonini pela oportunidade e por permitir que estas humildes palavras, registradas neste livro, ajudem as pessoas a refletirem sobre suas atitudes, evoluindo.

Agradeço ainda aos meus filhos Anna Julia, Rodrigo e minha amada esposa, Michelle, pela cumplicidade, compreensão e dedicação. Sem vocês ao meu lado me dando todo tipo de suporte, nada disso seria possível.

Agradeço a todos da Fraternidade Espírita Amor & Caridade pela parceria nesta nobre e importante missão que, juntos, desempenhamos todos os dias com tanta devoção.

E agradeço a você, leitor, que comprou este livro e com sua colaboração nos ajudará a conseguir levar a Doutrina Espírita e todos os seus benefícios e ensinamentos para mais e mais pessoas.

Obrigado.

A todos, os meus mais sinceros agradecimentos.

Conheça a Fraternidade Espírita Amor e Caridade, acessando
www.fraternidadeespirita.org

Conheça um pouco mais de Osmar Barbosa em
www.osmarbarbosa.com.br

Conheça um pouco do Lar Nina Brestonini em
www.lardanina.org

A missão do médium é o livro.
O livro é chuva que fertiliza lavouras imensas, alcançando
milhões de almas.

Emmanuel

Sumário

O divórcio na visão do espiritismo............................29

São Paulo..39

O centro espírita..59

Uma vida..75

Outra vida..85

São Paulo, 1895...93

Obsessão...101

Arzão..117

Colonia Espiritual Amor & Caridade......................127

A vida...141

O amor acima de tudo...153

Superação..161

Laços eternos...167

O amanhã nos pertence.......................................175

A vida é uma dança...184

"
Quando não há nada mais a ser dito, silencia.

Quando não há mais nada a ser feito, permitas apenas ser, apenas estar e fica na companhia do teu coração, e este indicará o momento apropriado para agires.

Quando a lentidão dos dias acomodar tua vontade, enlaçando-te com os nós da intranquilidade, descansa e refaz tua energia.

Não há pressa, a prioridade é que tu encontres novamente a tua essência para que tenhas presente em ti a alegria de ser e estar.

Quando o vazio instalar-se em teu peito, dando-te a sensação de angústia e esgotamento, repara tua atenção e encontra em ti mesmo a compreensão para este estado.

É necessário descobrirmo-nos em tais estados, para que estes não se transformem no desconhecido, no incontrolável.

Tudo pode ser mudado, existe sempre uma nova escolha para qualquer opção errada que tenhas feito.

Quando ouvires do teu coração que não há nenhuma necessidade em te preocupares com a vida, saibas que ele apenas quer que compreendas que nada é tão sério a ponto de te perderes para sempre da tua divindade, ficando condenado a não ver mais a luz que é tua por natureza.

Não te preocupes, se estiveres atento a ti mesmo verás que a sabedoria milenar está contigo, conduzindo-te momento a momento àquilo que realmente necessitas viver. Confia e vai em teu caminho de paz.

Nada é mais gratificante que ver alguém submergindo da escuridão apenas por haver acreditado na existência da luz.

Ela sempre esteve presente...
Era só abrir os olhos...

São Francisco de Assis

Só existem dois dias no ano que nada pode ser feito. Um se chama ontem e o outro se chama amanhã, portanto hoje é o dia certo para amar, acreditar, fazer e principalmente viver.

Dalai Lama

O Amanhã *nos Pertence*

Aos poucos, o espírito reencarnado retoma a herança de si mesmo, reencontrando as pessoas e as circunstâncias, as simpatias e as aversões, as vantagens e dificuldades com as quais se ache afinado ou comprometido.

Examinando o esquecimento temporário do pretérito, no campo físico, importa considerar cada existência por estágio de serviço em que a alma readquire, no mundo, o aprendizado que lhe compete.

Surgindo semelhante período, entre o berço que lhe configura o início e o túmulo que lhe demarca a cessação, é justo aceitar-lhe o caráter acidental, não obstante se lhe reconheça a vinculação à vida eterna.

É forçoso, então, ponderar o impositivo de recurso e aproveitamento, tanto quanto, nas aplicações da força elétrica, é preciso atender ao problema de caráter e condução.

Encetando uma nova existência corpórea, para determinado efeito, a criatura recebe, desse modo, implementos cerebrais completamente novos, no domínio das energias físicas; e, para que se lhe adormeça a memória, funciona a hipnose natural como recurso básico, de vez que, em muitas ocasiões, dorme em pesada letargia, muito tempo antes de acolher-se ao abrigo materno.

Na melhor das hipóteses, quando desfruta grande atividade mental nas esferas superiores, só é compelido ao sono, relativamente profundo, enquanto perdure a vida fetal.

Em ambos os casos, há prostração psíquica nos primeiros sete anos de tenra instrumentação fisiológica dos encarnados, tempo em que se lhes reaviva a experiência terrestre.

Temos, ainda, mais ou menos 3 mil dias de sono induzido ou hipnose terapêutica, a estabelecer enormes alterações nos veículos de exteriorização do espírito, as quais, acrescidas às consequências dos fenômenos naturais de restringimento do corpo espiritual, no refúgio uterino, motivam o entorpecimento das recordações do passado, para que se avalie a mente na direção de novas conquistas.

E, como todo esse tempo é ocupado em prover-se a criança de novos conceitos e pensamentos acerca de si própria, é compreensível que a criatura desperte na adolescência como alguém que fosse longamente hipnotizado para fins edificantes, acordando, gradativamente, na situação transformada em que a vida lhe propõe a continuidade do serviço devido à regeneração ou à evolução clara e simples.

E isso, na essência, é o que verdadeiramente acontece, porque pouco a pouco, o espírito reencarnado retoma a herança de si mesmo, na estrutura psicológica do destino, reavendo o patrimônio das realizações e das dívidas que acumulou, a se lhe regravarem no ser, em forma de tendências inatas, e reencontrando as pessoas e as circunstâncias, as simpatias e as aversões, as vantagens e dificuldades, com as quais se ache afinizado ou comprometido.

Transfigurou-se, então, a ribalta, mas a peça contínua.

A moldura social ou doméstica, muitas vezes, é diferente, mas no quadro de trabalho e da luta, a consciência é a mesma, com a obrigação de aprimorar-se ante a bênção de Deus, para a luz da imortalidade.

(Do livro *Religião dos Espíritos*, p. 45, pelo Espírito Emmanuel, Francisco Cândido Xavier)

Quando o servo de Deus se sente perturbado por qualquer motivo, como pode acontecer, deve levantar-se quanto antes para rezar, e ficar firme diante do Pai supremo até que lhe devolva sua alegria salutar.

Porque, se demorar muito na tristeza, fará desenvolver-se esse mal babilônico que, se não for lavado pelas lágrimas, acabará deixando no coração uma ferrugem permanente.

Francisco de Assis

O divórcio na visão do espiritismo

Todos os seres estão ligados uns aos outros e se influenciam reciprocamente: o Universo inteiro está submetido à lei da solidariedade e evolução.

Os mundos nas profundezas do éter, os astros que, a milhares de léguas de distância, entrecruzam seus raios de prata, conhecem-se, chamam-se e respondem-se. Uma força, que denominamos atração, os reúne através dos abismos do Espaço. De igual maneira, na escala da vida, todas as almas estão unidas por múltiplas relações.

A solidariedade que as liga funda-se em identidade de sua natureza, na igualdade de seus sofrimentos através dos tempos, na similitude de seus destinos e de seus fins.

A exemplo dos astros dos céus, todas essas almas se atraem.

A matéria exerce sobre o espírito seus poderes misteriosos.

Qual Prometeu sobre sua rocha, ela o encadeia aos mundos obscuros.

A alma humana sente todas as atrações da vida inferior; ao mesmo tempo percebe os chamados do Alto.

Nessa penosa e laboriosa evolução que arrasta os seres, há um fato consolador sobre o qual é bom insistir: em todos os graus de sua ascensão, a alma é atraída, auxiliada, socorrida pelas entidades superiores.

Todos os espíritos em marcha são auxiliados por seus irmãos mais adiantados e devem auxiliar, por sua vez, todos os que lhes estão abaixo.

Cada individualidade forma um anel da grande cadeia dos seres.

A solidariedade que os liga pode muito bem restringir um tanto a liberdade de cada um; mas se esta liberdade é limitada em extensão, não o é na intensidade. Por mais limitada que seja a ação do anel, um só de seus impulsos pode limitar toda a cadeia.

É maravilhosa essa fecundação constante do mundo inferior pelo mundo superior. Daí vêm todas as intuições geniais, as inspirações profundas, as revelações grandiosas.

Em todos os tempos, o pensamento elevado irradiou no cérebro humano. Deus, em Sua equidade, nunca recusou Seu socorro nem Sua luz à raça alguma, a povo algum. A todos tem enviado guias, missionários, profetas, mentores e anjos.

A verdade é uma e eterna; ela penetra na Humanidade por irradiações sucessivas, à medida que nosso entendimento se torna mais apto para assimilá-la.

Cada revelação nova é continuação da antiga.

É este o caráter do Espiritualismo moderno, que traz um ensino, um conhecimento mais completo do papel do ser humano, uma revelação dos poderes recônditos que ele possui e também de suas relações íntimas com o pensamento superior e divino.

O homem, espírito encarnado, tinha esquecido seu verdadeiro papel. Sepultado na matéria, perdia de vista os grandes horizontes de seu destino; desprezava os meios de desenvolver seus recursos latentes, de se tornar mais feliz, tornando-se melhor.

A revelação nova lhe vem lembrar todas essas coisas.

Vem despertar as almas adormecidas, estimular sua marcha, provocar sua elevação.

Ela ilumina os recônditos obscuros do nosso ser, diz nossas origens e nossos fins, explica o passado pelo presente e abre um porvir que temos a liberdade de tornar grande ou miserável, segundo nossos atos.

Pelo espiritismo vocês saberão que grande parte das relações amorosas acontece entre espíritos conhecidos de há muito tempo.

Vocês acreditam que estão encaminhando para um novo tempo, em que as coisas serão melhores?

Vocês são capazes de perceber que as mudanças já começaram?

Os espíritos encarnados estão vivendo durante muitos séculos com o mesmo modelo de sociedade, com o mesmo formato de família, em que cada um tem o seu papel muito bem definido.

Nos dias de hoje há formatações familiares e amorosas para todos os gostos.

E a maior evidência de que estamos atravessando um período de transição é a velocidade com que os costumes e as opiniões estão mudando.

A Terra está deixando de ser um planeta de provas e expiações para se tornar um planeta de regeneração.

Para isso, todos vocês estão se regenerando.

Vocês sabem, já que são espíritos imortais, e que já reencarnaram muitas e muitas vezes no planeta Terra.

Pois agora é o momento de abandonar velhos preconceitos e padrões culturais ultrapassados.

Vocês ainda não sabem exatamente como vai ser.

Vocês ainda não sabem qual a estrutura da nova sociedade que vai surgir.

Mas tenham uma certeza, as coisas estão mudando.

A sociedade atual está testando todos os meios possíveis de se alcançar mais liberdade, mais harmonia, mais felicidade e mais amor.

Para os mais conservadores, os novos modelos familiares parecem o caos. Mas é dessa bagunça que virá a solução.

Todos vocês estão procurando a melhor maneira de viver um relacionamento amoroso, financeiro e familiar.

Há uma tentativa desesperada de vivenciar o amor, e com isso antigos padrões vão sendo derrubados e surgem novas possibilidades.

Metade das crianças tem os pais separados.

É uma pena, pois você sabe que a criança perde a inocência quando se dá conta de que seus pais se separaram.

Ela deixa de ver as coisas como deveriam ser.

O modelo padronizado, a que estamos acostumados a seguir, há séculos é pai, mãe e filho.

É o modo natural de formar referências.

Mas é claro que isso funciona quando o relacionamento é o ideal, e a maioria não é.

Nunca houve tantas tentativas de se formar um lar, e nunca houve tantos lares desfeitos.

Todos têm se permitido testar, casando e descasando, assumindo filhos do parceiro ou juntando filhos de suas uniões anteriores.

Todos sabem que grande parte dos relacionamentos amorosos acontece entre espíritos conhecidos de há muito tempo, que voltam a se encontrar na tentativa de consertar antigos estragos, com o propósito de harmonização, perdão e aprendizado.

Quando um casal se separa está, na verdade, interrompendo esse processo de reajuste, adiando para outra oportunidade o reajuste necessário.

O problema é que da próxima vez pode ser em piores condições...

Por outro lado, todos sabem que há uniões em que se torna impossível a convivência harmônica, e que por questões de segurança física, mental ou emocional estão fadadas ao fracasso.

Pela primeira vez em nossa trajetória espiritual neste planeta há uma liberdade tão grande na escolha de parceiros, e isso deixa claro que todos buscam o amor.

Mas essa busca ainda é imatura, pois para amar é preciso entrega, e não é isso o que se vê.

Ainda se quer mais ser amado do que amar. Também nunca se viu tanta solidão e tanta depressão.

Mesmo em pessoas que se relacionam com outras observa-se a solidão íntima, pois não há entrega de parte a parte, talvez por medo de se tornar dependente emocionalmente de alguém, talvez por esperar que possa aparecer alguém mais interessante, talvez por desacreditar que ainda possa existir o amor verdadeiro.

Dessa bagunça de filhos de pais separados, de segundos e terceiros casamentos, de padrastos e madrastas e enteados, de pais e mães solteiros, de casais homossexuais buscando reconhecimento e respeito em suas tentativas de formar núcleos familiares, surgirá uma nova sociedade.

As experiências que se mostrarem erradas não serão repetidas; os modelos familiares que não derem certo serão deixados de lado; a liberalidade vai virar liberdade.

Todo aprendizado se dá pelo amor ou pela dor.

Quem conseguir amar e ser amado, quem encontrar harmonia no meio dessa sociedade em ebulição, terá aprendido a lição.

Quem não conseguir amar, aprenderá pela dor, pela solidão e pelo sofrimento. E você sabe, e todo mundo sabe que brincar com sentimentos dói.

Quem se perde nessa aventura de sexo livre e procura interminável pelo parceiro ideal fere muitos sentimentos alheios. E quem fere será ferido. E toda causa tem um efeito.

Estais construindo o amanhã. E o amanhã é para vós mesmos. No vosso próximo passeio pela Terra ireis conferir o resultado de tuas tantas experiências!

Assim, a sociedade vai seguindo seu caminho, transformando provas e expiações em regeneração.

Seja bem-vindo ao planeta de regeneração!

Osmar Barbosa

*Assim como a semente traça a forma e o destino da árvore,
os teus próprios desejos é que te configuram a vida.*

Emmanuel

São Paulo

O dia começa ensolarado na capital paulista. Como de hábito, antes de sair para o trabalho, Luana vai até o quarto de Mariza para acordá-la e despedir-se.

– Bom dia, mamãe!

– Oi, filha!

– Já está acordada?

– Sim, querida, hoje acordei cedo.

– Você não vai se levantar da cama, mamãe?

– Ah, filha, estou tão deprimida hoje! – resmunga Mariza.

– Mãezinha querida, não fica assim não, por favor! – diz Luana, sentando-se à beira da luxuosa cama de casal.

– Ah, minha filha! Eu não tenho nem coragem de me levantar.

– Mãe, por favor! Você já tomou seus remédios hoje?

– Não, ainda não, querida.

– Então vou pegá-los para você! – diz Luana, se levantando.

– Pega, filha, pega sim. Sem meus remédios não consigo mais viver.

– Mamãe, você tem que recomeçar sua vida. Não adianta você ficar a se lamentar. A vida continua, a vida recomeça todos os dias diante dos nossos olhos.

– Confesso que se não fosse por você e seu irmão, eu já teria posto um fim em minha vida. Nem tanto pelo seu irmão, pois ele não liga para mim.

– Deixe de falar bobagens, mamãe! Espere aí que eu já volto com seus remédios – diz Luana, saindo do quarto.

– Obrigada, meu amor – diz Mariza, sentando-se na cama.

Luana deixa o luxuoso quarto de sua mãe e vai até o *closet* pegar seus comprimidos. Elas moram em um luxuoso apartamento no bairro de Alphaville, em Barueri, São Paulo. Um apartamento por andar, cinco suítes, ampla sala de estar e de jantar com muitos metros quadrados, refinadamente mobiliado por arquitetos renomados da capita! paulista.

Sua empregada Maria, que convive com ela desde seu casamento e foi babá das crianças, é a única que consegue suportar o mau humor da rica e infeliz patroa.

– Mamãe, eu não estou achando seus remédios – diz Luana voltando do *closet*.

– Pergunte a Maria. Ela, com certeza, saberá lhe responder onde estão meus remédios. Você sabe que ela vive me controlando, não é?

– *Tá* bom, mamãe, vou ver com a Maria e já volto.

Luana vai até a cozinha à procura de Maria, que está preparando a mesa do café da manhã.

– Bom dia, Maria! – diz Luana, abraçando-a pelas costas.

– Bom dia, Lu! – diz Maria, feliz com o abraço.

– Você sabe onde estão os remédios da mamãe?

– Escondi – responde Maria.

– Por quê?!

– Porque ela já tomou a dose suficiente esta madrugada.

– Como assim, Maria?

– Sua mãe está tomando remédio escondido, e o médico já avisou que ela tem que tomar a dose certa para não ter complicações.

– Meu Deus!

– Pois é. Acho que ela está querendo se suicidar, é o que parece – diz Maria.

– Maria, vigie mamãe, por favor! – pede Luana.

– Pode deixar, querida, estou de olho nela.

– O que faço agora? – pergunta Luana.

– Diz para ela que vou levar os remédios.

– *Tá* bom, Maria, muito obrigada – despede-se Luana, beijando a face de Maria.

Luana volta ao quarto de sua mãe.

– Mamãe, a Maria vai trazer seus remédios.

– Por que você não os trouxe? – diz Mariza, irritada.

– Ela vai trazer com seu café da manhã, mamãe. Deixe de bobagens.

– Não quero café – diz Mariza.

– Mãezinha, fique calma! As coisas vão se ajeitar, tenho certeza que se você parar de se entregar a esses sentimentos negativos tudo vai ficar mais fácil – diz Luana aproximando-se e acariciando o rosto de Mariza.

– Eu quero morrer! Não suporto mais esta vida – diz Mariza, chorando.

– Não diga isso, por favor! Agora espere a Maria, mamãe. Tenho que ir para o escritório, de lá te ligo. Tenho uma reunião agora cedo, e já estou atrasada. E pare de chorar, você está parecendo uma adolescente.

– *Tá* bom, minha filha, vou parar de chorar. Agora vá cuidar dos negócios. Vá com Deus!

– Fique com Deus você também, mamãe, eu te amo – diz Luana, beijando carinhosamente a testa de Mariza.

– Eu também, filha.

Formada em administração, Luana é alta, morena, tem cabelos negros e olhos castanhos cor de mel. Trabalha na empresa de seu pai, onde é responsável pela administração das cinco empresas do ramo de minério e indústria de cimento, império construído ao longo de anos pela família.

Seu pai, José Davi, foi um empresário muito bem-sucedido. Agora vive no exterior, casado com outra mulher. Aposentou-se e dedica-se a viver seu novo amor.

Seu irmão Eric é quem administra as fábricas de cimento e refino de minério, localizadas em Minas Gerais.

Casado com Samanta, Eric é pai dos gêmeos Lucas e Mateus. Ele mora em Belo Horizonte, capital mineira, e dificilmente visita a mãe. Eric e Mariza tiveram muitas diferenças e dificuldade de se relacionarem. Isso, infelizmente, marcou o rapaz por toda a sua juventude, e ainda é uma barreira que ambos tentam superar.

Luana mora com Mariza no luxuoso apartamento deixado por José Davi para a ex-mulher.

Após quarenta anos de casado, José Davi apaixonou-se pela jovem Sandra, sua secretária, e deixou a família para viver sua paixão intensamente.

Mora em Nova Iorque e vive de investimentos feitos durante anos.

Luana é a encarregada de administrar a fortuna da família.

Embora nunca tenha aceitado a separação dos pais, procura apaziguar a situação tão difícil que é a convivência familiar.

Sua mãe sempre foi uma pessoa muito difícil – mulher arrogante e prepotente que se valeu da fortuna acumulada pelo marido para maltratar todos que passaram por sua vida.

Os parentes a abandonaram muito tempo atrás. Desde os tempos iniciais de seu casamento, Mariza sempre procurou mostrar-se superior a seus familiares e amigos de infância. E isso a tornou uma pessoa desprezível.

Por fim, José Davi saiu-se como herói por ter suportado aquela megera por tantos anos.

Embora não concorde com a separação e a distância de seu pai, Luana compreende que ele precisa ser feliz.

Um homem que lutou a vida inteira merece a felicidade no fim de sua vida.

Luana está muito preocupada com a situação de sua mãe. Deprimida, velha e triste, não tem mais alegria de viver.

E isso lhe tira o sossego.

Luana resolve então conversar com seu irmão sobre a situação de sua mãe.

Solicita à sua secretária uma ligação para o irmão.

– Luana, a ligação está no ramal três – diz Márcia, a secretária.

– Alô, Eric?

– Sim!

– Sou eu, Luana.

– Oi maninha, como vai?

– Comigo tudo bem! E você, como está?

– Estou bem, muito bem.

– E as crianças, como estão?

– Estão bem, *tá* tudo bem por aqui, e aí?

– O problema de sempre, a mamãe.

– O que ela aprontou desta vez?

– Ela só pensa em suicídio, está muito deprimida e vive falando em morrer. Maria me contou que ela está tomando remédios excessivamente.

– Por que você não a interna em uma clínica? – diz Eric.

– Não posso, ninguém quer uma pessoa como mamãe por perto. E, além disso, não acho justo; acho sinceramente que isso seria o fim para ela.

– Existem clínicas aí em São Paulo, especializadas nesse tipo de problema, Luana. O jeito de mamãe ser não é problema para eles.

– Eu sei, mas tenho muita pena dela, não consigo fazer isso. Venha visitá-la, Eric. Traga as crianças, ela fica mais feliz quando os netos estão por perto.

– Sinceramente, maninha, nem meus filhos, apesar dos quatro anos de idade, suportam a mamãe. Samanta então, nem se fala.

– Poxa, Eric, dá um jeito aí. Afinal ela é nossa mãe.

– Eu sei, Luana. Você sabe perfeitamente que ela não me suporta.

– Deixe de bobagens, esse é o jeito dela, fazer o quê?

– Mana, me perdoa, mas não dá. *Tô* fora de ajudar a mamãe – diz Eric.

– Eu queria tanto ver as crianças! – pede Luana.

– Venha para cá neste fim de semana. Podemos ir para o sítio, daí você aproveita e descansa um pouco – sugere Eric.

– Vou pensar. Mas pense com carinho em minha proposta, pense um pouquinho na mamãe.

– Está bem, vou conversar com Samanta e te falo.

– Caso eu resolva viajar para encontrar com você e irmos para o sítio, posso levar a mamãe?

– Poxa, não faça isso comigo! – diz Eric.

– *Tá* bom, esquece – diz Luana.

– Beijos.

– Beijos – diz Eric.

Luana é interrompida por Márcia, que entra em sua sala, não sem antes dar três batidas leves na porta.

– Perdoe-me, senhora, mas é uma ligação de sua casa.

– Onde?

– No ramal cinco, senhora.

– Já vou atender. Obrigada, Márcia.

– De nada, senhora.

Luana atende ao telefone.

– Alô.

– Luana, é Maria.

– Fala, Maria! O que houve?

– Sua mãe *tá* surtada, você precisa vir urgente para casa.

– Mas o que houve?

– Ela viu seu pai na televisão, parece que ele deu uma entrevista a um programa de TV. Aí ela surtou.

– Estou indo – diz Luana, levantando-se de sua cadeira.

Luana deixa seus afazeres e dirige-se rapidamente para sua casa. Entra pela porta principal, esbaforida.

– Onde ela está, Maria?

– No quarto dela.

– Venha, vamos lá – diz Luana.

– Acho que ela dormiu – diz Maria.

– Vamos até lá ver como ela está, por favor, Maria.

Rapidamente Luana deixa suas coisas no sofá e sobe com Maria para o segundo andar do apartamento.

Maria e Luana entram no quarto evitando fazer barulho.

Chegam perto de sua mãe, que está em sono profundo; elas veem que o quarto está todo desarrumado, perfumes quebrados pelo chão, roupas rasgadas ao lado de uma tesoura, móveis revirados, cortinas arrancadas.

Sua preocupação é observar se não há ferimentos no corpo de Mariza.

Aliviada, Luana volta-se para Maria com o dedo indicador sobre os belos lábios, exigindo-lhe silêncio, e a convida a sair do quarto. Após saírem do quarto e chegando a sala de estar:

– O que houve, Maria? Explique-me detalhadamente, por favor.

– Sua mãe estava na sala assistindo à televisão quando apareceu uma matéria com seu pai, daí ela surtou e saiu quebrando tudo. Com muita dificuldade consegui convencê-la a tomar um comprimido e deitar-se. Você tem que fazer alguma coisa, ela vai acabar se jogando pela janela, e eu nada poderei fazer a não ser morrer de arrependimento.

– Eu sei, Maria. Estou tentando fazer com que o Eric venha até aqui para, juntos, decidirmos o que fazer com a mamãe. Tenho muita pena dela, e sinceramente não tenho coragem de interná-la.

– E ele vem quando? – pergunta Maria, preocupada.

– Ele simplesmente não vem, você sabe das dificuldades que eles têm um com o outro.

– É, eu sei muito bem o que o Eric passou na mão de sua mãe – diz Maria.

– Maria, não dramatiza.

– Você era ainda uma menina, e provavelmente não se lembra de nada. Mas eu sei muito bem o que ele passou na mão dela – enfatiza a empregada.

– Sei sim, Maria, eu sei sim. O Eric conversa muito comigo e me conta cada coisa que confesso, é difícil acreditar que uma mãe tenha coragem de fazer.

– Então não preciso falar mais nada, *né*?

– Vou esperar que ela acorde para ter uma conversa definitiva. Eu também preciso cuidar da minha vida.

– Isso mesmo, Luana. Afinal, você tem que arrumar um namorado, casar, enfim, viver sua vida.

– Não preciso de namorado para viver a vida, Maria; preciso é de sossego, paz e tranquilidade, coisa que não estou tendo desde o dia em que papai resolveu ir embora.

– Faça isso, minha filha, faça isso mesmo – diz Maria.

– Maria, eu vou para o escritório; assim que a mamãe acordar, por favor, me avise.

– Quer comer alguma coisa? Acabei de preparar o almoço!

– Mais tarde eu como, vou sair mais cedo hoje e venho direto para casa – diz a jovem e bela empresária.

– Está bem, qualquer coisa eu te aviso, fique tranquila.

– Obrigada, Maria. Agora vou cuidar de umas coisas da empresa. Fique de olho nela.

– Pode deixar. Acredito que após este comprimido ela vai dormir até mais tarde.

– Que assim seja! – diz Luana, saindo.

Luana decide não voltar para o escritório da empresa e resolve despachar o resto do dia do escritório montado por seu pai no piso principal do apartamento.

Lá, ela permanece cuidando dos negócios da família e fica próxima à sua mãe.

Após algumas horas ela é interrompida por Maria que insiste que ela almoce.

– Com licença, Luana – diz Maria batendo à porta.

– Entre, Maria.

– Venha almoçar, menina!

– Já vou, Maria! Prepare a mesa da cozinha, eu vou até lá para comer.

– Você não quer que eu coloque a mesa da sala de jantar?

– Não, Maria. Eu como na cozinha mesmo.

– Então pode vir, já está tudo pronto, venha, vamos! – insiste a empregada.

– Estou indo – diz Luana.

Maria e Luana seguem para a cozinha. A mesa está posta. Há saladas, caldos e um prato especialmente feito para Luana, que adora comer peixe.

– E a mamãe, já acordou? – pergunta a jovem.

– Não, ela está apagada! – diz Maria.

– Prepare alguma coisa para ela comer, Maria, e acorde-a. Mas não diga que estou em casa. Eu vou ficar por aqui para observar as atitudes dela.

– Está bem – diz a empregada.

Carinhosamente, Maria prepara uma bandeja enfeitada com uma flor em uma jarra pequena, daquelas em que só cabe uma flor. Maria prepara uma salada de legumes e frango grelhado e sobe lentamente até o quarto. Maria coloca a bandeja sobre a cômoda no canto esquerdo do quarto. Lentamente, ela chama por Mariza, na tentativa de acordá-la sem assustá-la.

– Senhora, acorde, por favor! – diz Maria.

– Hmm – resmunga Mariza.

– Acorde, Mariza, eu lhe trouxe seu almoço – diz Maria.

– Não quero comer – retruca Mariza.

– Mas você precisa se alimentar.

– Não quero. Eu não quero comer.

– Se você não comer, não poderá tomar seus remédios!

– Não vou comer. Onde está Luana?

– Trabalhando, como sempre.

– Ligue para ela e mande-a vir para casa agora – ordena Mariza.

– Ela tem que trabalhar, daqui a pouco ela chega e você conversa com ela, Mariza.

– Liga agora, pois estou mandando – insiste a patroa.

– *Tá* bom! Coma, que eu ligo para ela – diz Maria.

– Não vou comer, e você vá e ligue para ela agora mesmo, que eu estou mandando.

– Vou deixar a bandeja aqui, caso você resolva comer.

– Não vou comer – diz Mariza, aborrecida e gritando.

– De qualquer forma, vou deixar a bandeja aqui, enquanto ligo para Luana – diz Maria se afastando.

– *Tá*, pode deixar, mas ligue agora para ela e mande-a vir para casa, preciso falar com ela urgente.

– Está bem.

– Vá logo, Maria, rápido.

– Estou indo.

Maria desce até a cozinha, onde Luana está e conta-lhe o ocorrido.

– Meu Deus, o que será que ela quer?! – diz Luana.

– Não faço a menor ideia. Sua mãe está cada dia pior – insiste a empregada.

– E o que é que eu faço, Maria?

– Não sei. Quem sabe um tratamento pode ajudá-la!

– O doutor Arnaldo disse que já fez o possível por ela, e não sabe mais o que fazer.

– Olha, Luana, você sabe, sou espírita, e lá no centro em que trabalho nós ajudamos muitas pessoas com esse problema.

– Não, Maria, não me venha falar de espiritismo agora, por favor! – diz Luana se mostrando irritada.

– Tudo bem! Desculpe, não está mais aqui quem falou.

– Você sabe que não acredito em nada disso.

– Desculpe-me, Luana, mas o caso de sua mãe nós tratamos lá no Centro Espírita como obsessão.

– Não precisa se desculpar, basta não misturar as coisas – diz Luana.

– Tudo bem, querida. Tudo bem! – diz Maria.

– Deixe-me sozinha, Maria, por favor! Vou para o escritório após almoçar e de lá ligo para umas pessoas para ver o que posso fazer pela mamãe.

– Está bem! Com licença – diz Maria, se retirando.

Maria deixa a cozinha e se dirige à área de serviço para cuidar dos seus afazeres. Renato é o motorista da família e está nas dependências dos empregados aguardando Maria.

– Oi, Maria! – diz Renato.

– Oi, Renato!

– Por que está com essa cara, mulher?

– Problemas. Têm horas que eu não suporto mais esta família.

– Maria, depois de tantos anos, só agora você percebeu que estas são pessoas vazias e que não dão valor a ninguém?

– Não se trata disso, eles sempre foram muito bons comigo. A Luana é como uma filha para mim. Aliás, ela e o Eric são como filhos meus. E, além disso, dona Mariza sempre foi muito boa para mim.

– Claro, foi você quem criou os filhos dela, só faltou dar de mamar.

– Eu amo essas crianças como sendo meus filhos, e você sabe muito bem disso, Renato.

– É, eu sei, dedicou toda sua vida a essa família. E agora? O que houve?

– Nada, só estou chateada, pois gostaria muito que eles conhecessem a doutrina espírita. Tenho certeza que isso iria ajudá-los muito. Todas as semanas, quando estamos em reunião, peço aos mentores espirituais que ajudem dona Mariza a sair desse problema. O caso dela, com certeza, é de obsessão.

– Essa gente não quer saber de religião. O dinheiro é a sua fé. As riquezas conquistadas são para eles o maior patrimônio, não pensam em Deus – diz Renato.

– É, Renato, infelizmente é assim mesmo, infelizmente – diz Maria.

– Bem-vinda à realidade, Maria. Você sabe me dizer se dona Luana vai precisar de mim?

– Por quê?

– Vou levar o carro para lavar. Choveu hoje pela manhã e dona Luana não gosta de andar no carro se não estiver brilhando.

– Você pode ir. Qualquer coisa digo que fui eu quem mandou você levar o carro para lavar, mas não demore!

– Pode deixar, não vou demorar – diz Renato.

– Ah, Renato, hoje você tem que me levar ao centro espírita, tem reunião e eu não quero perder – diz Maria.

– *Tá* bom! Eu volto antes das três.

– Estarei te esperando – diz Maria. – E olha a hora, hein, meu rapaz?

– Pode deixar, Maria.

– Seu almoço está pronto dentro do micro-ondas, coma e vá lavar o carro – diz Maria, dirigindo-se a seu quarto.

– Obrigado, Maria.

Renato é o acompanhante de Maria quando ela vai ao centro espírita. Sempre que pode, ele frequenta as reuniões ao lado dela, às quintas-feiras. O que Maria mais gosta é assistir às palestras ministradas pelos convidados, em sua maioria palestrantes espíritas de outras casas espalhadas pelo estado de São Paulo.

O centro espírita que ela frequenta é uma casa de caridade. Lá, são atendidas centenas de pessoas que fazem tratamentos espirituais. Há sessões de passes, de desobssessão e sessões de cura, além, é claro, do estudo aprofundado da doutrina espírita. Maria não perde uma aula.

Nem sempre terás o que desejas, mas enquanto estiveres ajudando aos outros encontrarás os recursos de que precisas.

Chico Xavier

O centro espírita

Maria vai até o escritório informar Luana que ela está saindo para ir ao centro espírita. Maria bate suavemente à porta.

– Entre, Maria.

– Luana, desculpe-me incomodá-la, mas estou indo ao centro espírita.

– *Tá*, Maria, pode ir. E como está a mamãe?

– Está dormindo, dei-lhe os remédios e agora ela está descansando.

– *Tá* bom, querida, vá com Deus! – diz Luana.

– Quer que eu faça alguma coisa para você comer antes de sair?

– Não precisa, pode deixar. Eu vou terminar alguns relatórios, tomar um bom banho e descansar – diz Luana.

– Está bem, querida! Eu estou indo com o Renato.

– Vá, pode ir, e não demore!

– Às onze horas estarei de volta.

– Estarei te esperando – diz Luana.

– Até logo, querida!

– Tchau, Maria!

Maria deixa o apartamento e segue para a casa espírita, onde é aguardada por todos. Muito querida, ela já é quase uma tarefeira. Ao chegar, Maria é recebida com carinho por Jonas, um belo e jovem rapaz, um dos mais assíduos operários daquela casa espírita. Engenheiro por formação, Jonas e sua família frequentam o grupo espírita há muitos anos, desde que ele era ainda um garoto e foi devidamente evangelizado por seus pais dentro dos ensinamentos do kardecismo.

– Olá, irmã Maria, seja bem-vinda! – diz Jonas se aproximando.

– Oi Jonas, como você está?

– Estamos bem felizes com a sua presença – diz Jonas, estendendo a mão para cumprimentar Maria e Renato.

– É, meu amigo, infelizmente as coisas não estão nada fáceis lá em casa, a Mariza está cada dia pior – diz Maria.

– Vamos orar por ela? – diz Jonas.

– Tenho orado muito pedindo a nossos mentores que a ajudem a sair desta crise – diz Maria.

– Irmã, você sabe que a oração é o que nos coloca diante das coisas de Deus.

– Eu sei, querido Jonas, sei sim. Mas sofro com os problemas daquela família. São muitos anos que estou com eles, eu os tenho como meus familiares; como você sabe, não tenho ninguém, exceto eles. Eles não acreditam em nada, e sofrem com a dor do desprezo e da solidão.

– Querida irmã, sofremos com você essa dor. Vamos fazer assim: dedicaremos nossas preces iniciais para esta família hoje, o que acha?

– Obrigada, querido Jonas, você realmente é um anjo – diz Maria.

Renato se aproxima e é saudado por Jonas.

– Olá, irmão Renato, seja bem-vindo!

– Obrigado, querido Jonas.

– Venham, vamos entrar e sentar, antes que alguém ocupe os nossos lugares – diz Renato sorrindo.

Carinhosamente, Jonas conduz Maria para sentar-se a seu lado à grande mesa de oito lugares, forrada com uma toalha branca, enfeitada com um jarro de rosas, também brancas, colocado no centro, onde os médiuns se colocam para iniciar a oração que dará início à reunião de passes.

A casa espírita está completamente lotada; mais de duzentas pessoas assistem à palestra iniciada por José Augusto, que fala sobre obsessão. O jovem palestrante transmite uma mensagem de fé e alivia corações que assistem atentamente às suas explicações.

Vários mentores espirituais estão presentes, encarregados de ajudar seus protegidos, ladeados por auxiliares do mundo espiritual que trazem consigo espíritos que obsidiam seus rivais de vidas passadas. Todos ouvem atentamente as palavras do jovem José Augusto.

Os espíritos têm, nesta casa, a oportunidade de ouvir e ver como todos podem modificar-se por meio da dedicação, fé e amor.

Rodrigo é um dos espíritos iluminados que participam efetivamente desta obra de assistência e auxílio aos encarnados que necessitam da intervenção direta em suas vidas. Nina é uma doce menina que vive nas colônias espirituais ao lado de Rodrigo; juntos, eles representam ali uma das mais lindas colônias espirituais criadas para atender espíritos que desencarnam, vítimas de câncer.

Ele, que já encarnou diversas vezes, agora cumpre o papel de mentor espiritual de Jonas, o jovem engenheiro e um dos médiuns tarefeiros daquela casa iluminada.

Atento a todos os acontecimentos, Rodrigo observa que no coração de Maria a dor é muito grande, ele percebe que ela sofre. Rodrigo então destina toda a sua atenção a Maria e consegue ouvir suas preces mais íntimas. Ele então se aproxima, e impondo-lhe as mãos sobre sua aura, mais precisamente sobre sua cabeça, transmite-lhe fluidos de paz e serenidade.

Maria percebe a aproximação deste espírito iluminado e não consegue conter as lágrimas, que correm rapidamente por sua face.

Jonas, ao perceber o estado de Maria, coloca suas mãos sobre as mãos dela, acalmando-a do choro compulsivo.

Rodrigo, o espírito de luz, é abordado por Daniel, outro espírito missionário e presidente daquela casa espírita que acabara de chegar e, juntos, irradiam paz para Maria.

Logo, Maria se acalma e tem dentro de si a certeza de que suas preces serão atendidas. Emocionada, olha para todos com muita ternura.

Nina se aproxima de Rodrigo, e Daniel e se põe a auxiliá-los. Juntos, eles passam a observar a todos, enquanto uma falange de auxiliares, mais de cinquenta, anota todos os pedidos e auxilia no passe que havia começado.

Uma luz intensa invade o salão, luzes celestiais fluídicas inundam o ambiente. Médiuns preparados colhem esses fluidos e os colocam sobre os assistidos. Uma linda imagem indescritível para os encarnados, mas muito comum para os espíritos de luz, que, felizes, realizam todo o trabalho em harmonia.

O amor toma todo o ambiente.

– Rodrigo, você anotou os pedidos de Maria? – pergunta Daniel.

– Sim, vou visitá-la ainda hoje, e veremos o que poderemos fazer por Mariza.

– Posso ir com você? – pergunta Nina, se aproximando.

– Claro, Nina! Vamos juntos analisar de perto essa situação, e se nos for permitido, vamos ajudá-la.

– Eu conheço bem esta situação e sugiro muita cautela – diz Daniel.

– Se você conhece, pode me adiantar alguma coisa, Daniel? – diz Rodrigo.

– Prefiro que descubram por si, e depois conversaremos sobre Maria.

– Se assim prefere, assim faremos – diz Nina.

Os trabalhos estão prestes a encerrar. Maria pega duas garrafas de água magnetizada pelos mentores presentes, para levar para Mariza e Luana. E segue as orientações de Jonas de servir sempre que possível esta água às suas protegidas.

Após algumas horas em concentração e orações, Maria e Renato voltam para o apartamento, seguidos de perto por Rodrigo e Nina. E enfim todos chegam.

– Venha, Nina, vamos até o quarto de Mariza irradiar nossa irmã com fluidos de refazimento e de alegria.

– Vamos sim, Rodrigo – diz Nina.

Nina e Rodrigo adentram o quarto, já arrumado por Maria, e encontram Mariza em sono profundo. Irradiam fluidos de paz no seu corpo físico. Seu espírito dorme.

Nina resolve transportar seu espírito à Colônia Espiritual Amor & Caridade.

– Vamos levá-la para a colônia, Rodrigo? O que achas?

– Leve-a, que estarei em breve com você – diz Rodrigo.

Nina segue, levando Mariza para a colônia, e repousa seu espírito adormecido sobre um dos diversos leitos da enfermaria; e ali, ao lado dela, trata suas decepções e angústias com os fluidos divinos do amor e da compreensão.

Rodrigo, auxiliado pelo espírito de um índio amigo, afasta energias deletérias do ambiente, purificando todo o apartamento. Vários são os espíritos que são expulsos por Rodrigo e pelo índio.

Um forte cheiro de flores invade o lugar.

Luana sente o cheiro de flores e, irritada, vai até o quarto de Maria pensando em reclamar.

– Maria, com licença – diz Luana empurrando a porta do quarto da empregada.

– Que cheiro é esse? – pergunta.

– Cheiro de quê, menina?

– Esse cheiro de flores!

– Não estou sentindo nada – diz Maria.

– Como não?! Você, por acaso, trouxe algum perfume do centro para espalhar aqui em casa? Você, por acaso, trouxe flores?

– Claro que não, Luana! Você está vendo flores em algum lugar?

– Não me engane, Maria, não tente me enganar – diz Luana.

– Não estou lhe enganando, não trouxe nada do centro espírita. A única coisa que trouxe foram duas garrafas de água magnetizada.

– Olha, Maria, não tenho nada contra sua religião, mas não traga essas porcarias aqui para casa, por favor.

– Luana, eu já lhe falei que não trouxe nada.

– Acho bom. Esse negócio de espiritismo, macumba etc. me irrita profundamente.

– Luana, no centro espírita que vou não tem essas coisas de macumba, e acho bom que você me respeite – diz Maria ficando de pé.

– Sem problemas, mas esse cheiro está me incomodando.

– Abra as janelas, eu nada posso fazer. Agora se me dá licença, preciso descansar – diz Maria, irritada.

Chateada com a atitude de Luana, Maria troca sua roupa e deita-se em orações de agradecimento pelos mentores que, sabe ela, estão presentes no ambiente.

Logo seu coração se enche de paz, e feliz, ela entra em sono profundo.

Nina está com Mariza, deitada em uma espécie de maca sem pernas. As macas flutuam no ar. O ambiente é todo iluminado com luz violeta. Nina está distraída e nem percebe a aproximação de Daniel.

– Oi Nina, como está a Mariza? – pergunta Daniel se aproximando.

– Eu a coloquei em sono profundo, para que ela possa se recuperar – diz Nina.

– Fez muito bem, minha querida. Agora vamos até minha sala, precisamos conversar. Deixe Mariza em sono profundo e me acompanhe, por favor – diz Daniel com ternura.

– Claro, Daniel, será um prazer – diz Nina.

Seguem para a ampla sala de onde Daniel realiza as reuniões a fim de dar ensinamentos para todos da Colônia Amor & Caridade. Rodrigo já se encontra na sala aguardando-os.

Existem no mundo espiritual cidades ou lugares chamados de colônias espirituais, cidades espirituais, hospitais espirituais etc. Enfim, nessas colônias vivem os espíritos que já alcançaram um alto grau evolutivo. Espíritos mais perfeitos do que aqueles que estão vivendo experiências encarnados na Terra.

Deus não criou isso tudo para ser perdido com a morte. Ninguém morre. Passamos por experiências materiais utilizando-nos de um corpo físico para alcançarmos a tão sonhada perfeição, é assim que Ele criou as coisas. Existem verdadeiras cidades, vilas, bairros, municípios e países no mundo espiritual, ou você acha que tudo se perde?

Nada se perde na criação. Deus não pune Seus filhos. Vivemos experiências para que possamos nos tornar melhores, é só isso. Somos seres espirituais vivendo experiências materiais e não seres materiais vivendo experiências espirituais. Nós temos que aprender isso definitivamente.

E nessas cidades existem administradores, tudo está orquestrado e organizado para auxiliar todos os espíritos a igualmente evoluir. Se você não acreditar nisso é melhor você não acreditar em Deus.

Nina é um desses espíritos. Ela é uma trabalhadora incansável da Colônia Espiritual chamada Amor & Caridade. Muitos espíritos de luz trabalham com ela nessa colônia. Ela trabalha com crianças que chegam após o desencarne, vitimadas pelo câncer, pois essa é a especialidade desta colônia. Tudo está orquestrado para o bem de todos, lembrem-se disso.

No mundo espiritual existem hospitais que recebem aqueles que estão distantes das coisas de Deus. Ele é misericórdia, lembrem-se disso também. E sendo assim, nesses hospitais trabalham espíritos mais elevados que são profundos conhecedores dos fluidos de Deus. E é com esses fluidos que são tratados todos os pacientes que chegam à Amor & Caridade.

Daniel é o presidente da Colônia Espiritual Amor & Caridade. Ele foi escolhido para administrar a colônia por espíritos ainda mais elevados que ele. É assim que as coisas funcionam no mundo espiritual. Tudo é muito semelhante, Deus é justo, lembre-se. A Colônia Espiritual Amor & Caridade funciona dentro da Colônia das Flores que fica no Brasil, sobre o estado de Santa Catarina, parte do Paraná e São Paulo.

Essa colônia é composta por treze grandes galpões, dos quais três são dedicados à recuperação, transição e realinhamento por meio de terapias do sono e passes dados por espíritos auxiliares.

Outros quatro servem de enfermaria, onde pacientes na idade adulta que desencarnam em hospitais,vítimas de câncer, são acolhidos.

Outros dois galpões são especialmente destinados às crianças, também vítimas de câncer.

Há um outro, o maior de todos, onde funciona o setor administrativo, com amplas salas e teatros, onde são feitas as reuniões com espíritos que estão espalhados sobre a Terra em casas espíritas e centros cirúrgicos de hospitais.

Os três galpões que faltam mencionar funcionam como centro de treinamento e escola. Há em toda a colônia amplos jardins, lagos e praças, onde os espíritos recolhidos se encontram para lazer e orações contemplativas. As praças são extensas e gramadas, com diversos brinquedos semelhantes aos da Terra para as crianças. Centenas de espíritos desta colônia trabalham entre nós em centros espíritas, hospitais, igrejas e orfanatos. Auxilian-nos em nossa evolução pessoal. Espalham sobre nós fluidos necessários ao nosso equilíbrio na Terra nos alinhando, nos protegendo e nos auxiliando a seguir em frente.

Muitos deles são mentores espirituais ou o que chamamos de anjos da guarda.

Todos são mensageiros do bem. Por vezes eles vêm em missão de ajuda e socorro a espíritos afinados com eles, pelas vidas anteriores e que ainda necessitam vivenciar o dia a dia da Terra para seu desenvolvimento pessoal e aperfeiçoamento espiritual, atingindo assim a tão esperada perfeição espiritual.

Nina, acompanhada de Daniel, entra na sala de reuniões.

– Oi, Rodrigo, já chegou? – diz Nina, assustada com a presença do amigo.

– Sim, Nina, Daniel me pediu que viesse para conversarmos.

– Sente-se, por favor! – diz Rodrigo indicando uma cadeira a seu lado.

– Obrigada! – diz Nina.

– Sente-se, Nina! Quero lhes mostrar algumas coisas da vida de Mariza – diz Daniel.

Nina senta-se ao lado de Rodrigo, de frente para Daniel, que abre para ambos uma grande tela onde começam a assistir às vidas de Mariza.

É uma tela fluídica do tamanho de uma tela de cinema, e logo todos ficam atentos para assistirem e ouvirem as explicações de Daniel.

Daniel aguarda pacientemente que as luzes sejam reduzidas. Ele faz uma prece e se prepara para, juntos, assistirem e partilharem de momento de tamanha importância no mundo espiritual.

Bem-aventurados os misericordiosos,
pois obterão misericórdia.

Mateus 5:7

Uma vida

Sertão brasileiro, 1760.

– Vá para o inferno, seu desgraçado, eu já não suporto mais a sua presença.

– Calma, mãe, o papai não fez nada – diz o menino Severino.

José se mantém sentado na varanda fingindo não ouvir os insultos de sua esposa.

– Que não fez nada o quê! Esse infeliz, vagabundo me maltrata todos os dias enquanto vocês dormem. Ele já não me procura e vive bebendo com os amigos na birosca.

– Mas mãe, ele acabou de chegar da roça, trouxe comida para nós e você só sabe maltratá-lo – insiste o menino.

– Cala a boca menino dos diabos, sabe que eu te odeio. Se arrependimento matasse eu já estava morta. Nunca devia ter parido você, seu infeliz, desgraçado.

– Que é isso, mamãe, o Severino só está pedindo para você se acalmar – diz Luciana, se aproximando.

– Que calma o caramba! Odeio esse menino e o pai dele. Minha filha, minha vida é só de sofrimento e angústia, porque tenho essa vida desgraçada – diz Maria.

– Mamãe, você não acha que está exagerando? Tudo bem que somos pobres, mas temos uma vida digna e honesta; papai é um homem bom que vive para nos sustentar, acorda todos os dias antes do sol nascer para ir para a roça cuidar das plantações e de nossos animais, é o melhor pai do mundo.

– Garota nojenta, você é igual a ele, vocês se merecem – diz Maria.

Todos se afastam de Maria que, como sempre mal humorada, maltrata seus dois filhos e principalmente seu marido, José.

No dia seguinte Luciana acorda e dá por falta de sua mãe, que não está em casa. Ela vai até a cama feita no chão de seu quarto onde seu irmão Severino dorme.

– Severino, acorde!

– Sim, o que houve, Luciana?

– Você viu a mamãe?

– Como posso ter visto a mamãe se ainda estou dormindo?

– Sei lá, de repente ela pode ter saído e ter lhe avisado, não sei.

– Não sei de mamãe – diz o menino.

Após procurar sua mãe pela vizinhança e pelo quintal, Luciana decide ir até a roça onde seu pai trabalha para perguntar por sua mãe.

– Oi, pai!

– Oi, filha – diz José sem parar de capinar o pequeno plantio.

– Você sabe onde está a mamãe?

– Olha, filha, hoje pela madrugada pouco antes do sol nascer sua mãe arrumou uma pequena trouxa de roupas e saiu.

– Para onde ela foi, papai?

José para de capinar, põe a enxada de lado e ajoelha-se próximo à pequena menina e toma suas mãos.

– Filha, você ainda é uma menininha muito pequena para entender as coisas de adulto.

– Mas o que houve, papai?

– Sua mãe foi embora.

– Embora para onde?

– Ela disse que não suportava mais viver ao nosso lado e que iria tentar a vida em São Paulo.

– Como assim, papai?

– Simples assim, sua mãe desistiu de viver ao nosso lado. Mas fique tranquila, que vou cuidar de vocês por toda a minha vida.

Luciana começa a chorar e José a toma no colo para acalmá-la.

Nina interrompe.

– Nossa, Daniel! Essa é a nossa Mariza?

– Sim, Nina, é ela mesma em sua encarnação anterior. Nessa vida ela se chamava Maria.

– Caramba! Coitada da Luana, sempre tentando apaziguar as coisas. Quer dizer, Luciana.

– E o Eric sempre rejeitado – diz Rodrigo.

– Eric não, Rodrigo, nesta encarnação ele se chamava Severino – adverte Daniel.

– E ainda o José, que conhecemos hoje como José Davi, com toda paciência do mundo sustenta ela e seus filhos em muitas encarnações – diz Daniel. – Homem honesto, bom e trabalhador.

– Mas agora ele é um homem rico e feliz – exalta Nina.

– Sim, Nina. Ele agora colhe os frutos de todas as suas lutas durante diversas encarnações. José sempre foi um homem bom, honesto e trabalhador – diz Daniel, que prossegue:

– Colhemos na vida espiritual os frutos de nossas batalhas terrenas, e também se colhe na Terra o fruto de todas as batalhas espirituais – diz Daniel.

– Como assim, Daniel? – pergunta Nina.

– Nina, esse espírito que conhecemos como José está terminando suas passagens pela Terra. Durante muitas encarnações ao lado desse grupo de espíritos ele corrigiu suas imperfeições por meio do trabalho honesto, da paciência e da resignação. Ele aceitou, sem lamentar, sua labuta, suportando todas as dores; apenas aceitou os desafios impostos pelo Criador a suas vidas. Agora termina ao lado de uma mulher que o ama, seu ciclo terreno, não devendo mais voltar à vida na Terra após esta última encarnação – diz Daniel.

– Quer dizer que quando José Davi desencarnar ele não mais voltará a encarnar?

– Sim, isso mesmo! Ele terminou sua evolução neste plano – assegura Daniel.

– Quando ele voltar à vida espiritual terá algumas oportunidades de seguir adiante, mas isso dependerá de seu desejo evolutivo, mas para a Terra ele não volta mais – afirma Daniel.

– E os demais? – pergunta Nina.

– Vamos continuar a ver as vidas de Mariza? – diz Daniel.

– Perdoe-me, Daniel! Vamos sim – diz Nina.

– Que isso, Nina? Não precisa me pedir perdão. Ainda temos muitas histórias pela frente, vamos seguir assistindo.

– Claro, vamos! – diz Nina.

– Mas lembrem-se, estamos vendo uma parte das vidas desse grupo; existem ainda vidas anteriores a esta que originaram a formação deste grupo.

– Compreendo, Daniel – diz Nina.

– Outras vidas foram vividas anteriormente por Eric, José, Luana, Maria e todos os familiares chamados secundários. Nessa em questão, Mariza deixou a casa e foi aventurar-se em São Paulo. José criou sozinho os filhos até sua morte física, quando voltou para a vida espiritual para reencontrar seus parentes e familiares secundários.

– Como assim, parentes secundários?

– Parentes secundários são aqueles que estão ligados a Mariza por laços mais distantes, tais como tios, sobrinhos, afilhados, netos e outros. À medida que os ajustes são feitos o parentesco se distancia terminando assim os ciclos evolutivos do grupo.

Nina se mostra confusa. Percebendo, Daniel adianta-se a falar.

– Vou explicar melhor. Vejam o Mateus e o Lucas, que agora são os netos de Mariza – diz Daniel.

– Sim, estamos vendo – diz Nina.

– Mateus e Lucas já foram filhos de Mariza em encarnações passadas, os ajustes foram feitos e cumpriram suas missões juntos. Agora Mateus e Lucas reencarnam como parentes secundários para auxiliar Eric em sua perfeição moral. As famílias são formadas por grupos de espíritos afins que durante décadas ou até mesmo séculos se ajustam e se ajudam reciprocamente para que todo o grupo construa sua evolução moral e espiritual. À medida que vão se aperfeiçoando deixam de encarnar uns ao lado dos outros e passam a viver na vida espiritual à espera de seu ente querido; muitos trabalham aqui na vida espiritual como mentores de seus familiares auxiliando-os a evoluir.

– São como nós? – pergunta Nina.

– Isso, Nina, são como nós, que durante séculos estamos ajudando a humanidade a seguir em frente. Após tanto tempo juntos e já cumprida uma parte de nossa parte evolutiva, buscamos agora as esferas mais sublimes da criação, e só se consegue isso com a perfeição espiritual.

– Verdade, Daniel – diz Rodrigo.

– Mas não vamos falar de nós, vamos assistir mais um pouco da vida de Mariza – diz Daniel.

– Vamos sim – diz Rodrigo.

*O teu trabalho é a oficina
em que podes forjar a tua própria luz.*

Emmanuel

Outra vida

Bahia, 1810.

Em um casebre feito de madeira e barro vivem Mariza e seus filhos.

– Cadê seu irmão, Luana?

– Não sei, mamãe – diz a menina, assustada.

– Vá buscá-lo, preciso dele aqui agora – ordena Mariza.

– Está bem, mamãe!

Luana desce as escadarias da rua em que mora à procura de seu irmão Eric. Após procurá-lo, ela o encontra brincando com alguns meninos de sua idade na areia de uma pequena praia do litoral baiano.

– Venha, meu irmão, nossa mãe quer falar com você.

– O que aconteceu? – pergunta Eric.

– Não sei! Ela mandou te procurar porque quer falar com você – diz a menina de aproximadamente doze anos.

– Poxa, será que ela vai me bater de novo? – diz o menino, assustado.

– Por que faria isso? Você não fez nada... – diz Luana.

– Você ainda é muito jovem para reparar estas coisas, minha irmã, mas a mamãe não precisa de motivos para me espancar; na verdade eu acho que ela sente até prazer em me bater.

– Que isso, Eric! É só o jeito dela – diz Luana.

– Que jeito que nada, sei o que estou falando, minha irmã, ela me odeia.

– Que nada maninho, venha, vamos para casa.

Ao chegar em casa...

– Onde você estava?

– Estava brincando com meus amigos, lá na rua de baixo, na prainha.

– Amigos... amigos que nada! Você deixe de ser vagabundo, menino, e vem limpar o quintal – diz Mariza.

– Oh mulher, deixe o garoto em paz – diz José se aproximando.

– Não se mete não, seu vagabundo.

– Mãe, não fala assim com meu pai – diz Luana.

– Não se mete, garota, não se mete! Vida desgraçada essa minha, tenho que aturar esta cambada de infelizes – diz Mariza.

– Meu Deus! Quando será que essa mulher vai mudar, quando será que ela vai ser mais calma e tranquila?! – diz José.

– Calma, papai, vamos rezar pela mamãe! – sugere Luana.

– Nem reza forte dá jeito neste espírito nojento e rebelde – diz José.

– Que isso, pai? A oração tem poder, e eu vou orar por mainha – insiste a menina.

– *Tá* bom, minha filha. Agora tenho que ir trabalhar, cuida de tudo aí – diz José saindo porta a fora.

– Pode deixar, papai, vai com Deus.

– Vigie-a para ela não espancar o Eric.

– Pode deixar, pai.

– Tchau, minha filha!

– Vai com Deus, papai.

Daniel interfere, pausando o filme.

– Veja, Nina, que o tempo passou e pouca coisa mudou na relação dessa família.

– Verdade, Daniel. Tirando as condições financeiras deles, que já me parecem um pouquinho melhores, pouca coisa mudou – diz Nina.

Daniel permite que o filme continue.

Luana vai até seu quarto e ajoelha-se sobre sua cama e começa a orar.

Daniel chama a atenção de todos.

– Observem agora os espíritos de amigos e familiares ouvindo as preces de Luana – diz Daniel.

– Verdade, os amigos da espiritualidade agora ouvem as preces da menina – diz Nina.

– Apesar das dificuldades vividas por todos, alguns espíritos afinados com eles pelas vidas passadas já se encontram em situação melhor, e daqui dos planos espirituais podem ajudar Mariza e sua família.

Após dezoito anos de casados, José e Mariza separam-se depois de muitas brigas e agressões.

Luana já é uma moça de dezesseis anos e Eric já está casado e segue sua vida longe da mãe e do pai. Luana é quem cuida de José até seus últimos dias de vida. Enquanto Mariza vive uma vida infeliz sozinha na cidade de Salvador, na Bahia, é perseguida por um espírito que não se cansa de persuadi-la a abandonar as coisas que poderiam torná-la uma pessoa feliz.

Mariza mora nas ruas, vive como mendiga e está muito doente. Seus pulmões estão tomados por uma grande inflamação e seu processo de desencarne se dá ali mesmo nas ruas frias do inverno baiano.

Subitamente dois espíritos de luz se aproximam para auxiliar Mariza em seu desenlace. Nina fica emocionada com a presença de nobres espíritos de luz e comenta com Daniel.

– Daniel, quem são esses espíritos que foram buscar Mariza? – pergunta Nina.

– É seu pai, o senhor Antônio; e sua mãe, Otília. Eles já estão desencarnados há bastante tempo, e agora em condições melhores, estão intercedendo para que Mariza seja ajudada. O que vocês estão vendo agora é a misericórdia divina intercedendo para que Mariza consiga evoluir – diz Daniel.

– Perfeito né, Rodrigo? – diz Nina.

– Sim, Nina. Deus, em Sua misericórdia, não permite que nenhum de Seus filhos seja abandonado, ninguém está sozinho. Todos que estiverem aqui na vida espiritual, ou encarnados na Terra, são assistidos por espíritos afinados pelas diversas vidas. Vidas que foram experimentadas em busca da perfeição, e desta forma todos se ajudam a seguir em frente.

– Nossa! Como estamos aprendendo hoje! – diz Nina.

– Sempre que solicitarmos a intervenção divina, ela vem a nos socorrer. Estejamos onde estivermos, a graça de Deus nos alcança e instrui as modificações necessárias à perfeição espiritual – diz Daniel.

– Agora vamos continuar assistindo ao filme? – pergunta Rodrigo.

– Vamos sim! – diz Nina, empolgada.

*O bem que praticas em qualquer lugar
será teu advogado em toda parte.*

Emmanuel

São Paulo, 1895

Mariza e José, após longo período de trabalho e sacrifício, estão procurando um imóvel para comprar.

– Vamos comprar esta casa, amor?

– Vamos sim, minha querida, eu gostei dela também – afirma José.

– É aqui que vamos criar nossos filhos com muito amor e carinho – diz Mariza.

– Sim, querida, é aqui que vamos criar nossos filhos; muito me valeu ter trabalhado tanto e juntado nosso dinheirinho com cuidado. Agora podemos realizar nosso sonho e sermos felizes para sempre – diz José abraçando Mariza.

– Estou muito feliz com a nossa conquista. Você, José, sempre foi um homem maravilhoso e dedicado a mim, só tenho a lhe agradecer!

– E você sempre foi a esposa que pedi a Deus, quero passar o resto da minha vida ao seu lado.

– Te amo!

– Eu também te amo muito – diz José.

Daniel interrompe o filme e começa a explicar esta encarnação de Mariza e José.

– Nina e Rodrigo, após eles viverem por quarenta e cinco anos casados, desencarnam e voltam a reencarnar compulsoriamente na mesma cidade, mas em condições diferentes – diz Daniel.

Nesta encarnação José e Mariza não tiveram filhos, optaram por ajustar-se um com o outro primeiro – diz Daniel.

– Desculpe, Daniel, mas você pode nos esclarecer melhor? – diz Nina.

– Claro que sim, Nina, com prazer!

– Deus é perfeito e misericordioso, sabes disso não é?

– Sim, Daniel, esta é a primeira lição que aprendemos quando chegamos aqui – diz Nina.

– Então sendo Ele perfeito e misericordioso, você pode primeiro pedir-Lhe para ajustar-se com um determinado espírito, para depois ajustar-se aos demais. Isso é permitido de acordo com o seu merecimento.

– Entendi perfeitamente, Daniel. Quer dizer que Mariza e José estiveram encarnados e sem filhos para ajustarem-se primeiro?

– Isso mesmo, Nina, muito mais por merecimento de José do que de Mariza.

– Entendi, Daniel – diz Nina.

~ 94 ~

– Lembre-se, Nina, de que tudo é merecimento. Cada ação de renovação que praticas em teu íntimo lhe engrandece diante dos desafios evolutivos que ainda tens a conquistar. Sendo assim, tudo o que pedires receberás. Conforme está escrito. Porque aquele que pede, recebe; e o que busca, encontra; e ao que bate abrir-se-lhe-á.

– Nossa Daniel, como é bom estar aqui em Amor & Caridade! Como eu aprendo a cada dia! – diz Nina.

– Nós é que agradecemos conviver essas experiências a seu lado, Nina – diz Rodrigo, emocionado.

– Vamos continuar? – diz Daniel.

– Sim, claro – diz Nina.

– Prosseguindo, reparem que agora José já está completamente realizado financeira e profissionalmente; além disso, seus filhos não o recriminam pela opção de vida que ele escolheu.

– É verdade – diz Nina.

– Observem também que o Eric, embora distante da mãe, mantém uma relação estreita com a irmã Luana; sempre que ela precisa ele está por perto. E que Maria é a grande companheira de muitos anos.

– Não vimos Maria nas vidas anteriores, e por que ela agora participa ativamente deste sofrimento? Por que Maria não tem família? – pergunta Nina, curiosa.

– Agora chegamos ao "x" da questão: lembre-se de que esta reunião só está sendo realizada porque Maria, trabalhadora incansável da casa espírita, pediu-nos que intercedêssemos por Mariza.

– Isso mesmo, foi por intermédio de Maria que fomos autorizados a interferir na vida deles. Foi atendendo a um pedido dela que estamos aqui reunidos para tentar ajudá-la – diz Rodrigo.

– Pois bem, Rodrigo e Nina, agora vamos voltar aos trabalhos e acompanhar bem de perto os acontecimentos desta história que, se Deus nos permitir, terá um final feliz – diz Daniel.

– Poxa, Daniel, mas nós gostaríamos de saber a respeito de Maria.

– Vocês poderão acompanhar bem de perto o que irá acontecer e saber por que Maria é parte fundamental dessa história. Tenham calma e paciência; a seguir nós poderemos ver o desenlace dessa jornada de amor.

– Se é essa a determinação, o que posso fazer? – diz Nina.

– Nina, me faça um favor.

– Sim, Daniel.

– Vá à enfermaria e leve Mariza para sua casa, acorde-a e acompanhe bem de perto todos os passos a seguir – diz Daniel.

– Sim, Daniel.

Nina se levanta e fica esperando por Rodrigo.

– Rodrigo, por favor, acompanhe Nina no desenrolar desta vida terrena, estarei a lhe orientar bem de perto – diz Daniel.

– Sim, Daniel.

– Voltemos às nossas atividades.

– Obrigada, Daniel – diz Nina.

Todos deixam a grande sala e voltam a seus afazeres.

O que é humano é humano, o que é divino é divino,
não se pode exprimir com palavras a passagem do
estado humano ao divino.

Lucas

Obsessão

anhã de sexta-feira.

– Bom dia, Maria?

– Bom dia, Lu. Você dormiu bem?

– Sim, dormi como nunca esta noite – diz a jovem.

– Deve ter sido o cheiro das rosas – diz Maria, provocando Luana.

– Não começa logo cedo não, por favor, Maria (risos).

– Estou brincando – diz Maria.

– Você já foi ver a mamãe hoje? – pergunta Luana.

– Sim, já lhe dei o desjejum e os remédios.

– E como é que ela está?

– Calma e serena, parece outra pessoa.

– Olha que bom! Fico muito feliz que tenha melhorado – diz Luana.

– É, eu também fico feliz por ela. Vai ver foram as preces que fiz para ela ontem na casa espírita.

– Você faz isso para me irritar não é, Maria? – diz Luana.

– Não. Faço isso já há muitos anos para que esta família viva em paz. Todas as quintas-feiras eu rezo por todos vocês – diz Maria com as mãos na cintura e olhando fixamente para Luana.

– *Tá* bom, Maria, *tá* bom; se você quer que eu lhe agradeça, eu lhe agradeço pelas orações. Agora deixe-me tomar meu café, pois preciso ir trabalhar.

– Tome então seu café. E não se esqueça de dar um bom-dia para a sua mãe.

– Vou passar no quarto dela antes de ir para o escritório, pode deixar.

– É, passa lá – diz Maria.

– Vou passar sim, pode deixar – diz Luana. – Maria, o que você acha desta roupa que estou usando?

– Ih, tem coisa aí!

– Não tem coisa nenhuma, Maria, deixa de palhaçada – diz Luana.

– Vai sair com alguém hoje?

– Maria, me respeite, por favor – diz Luana, irritada e envergonhada.

– Menina, eu te conheço desde o dia em que você saiu do ventre de sua mãe. E olha, você está linda – diz Maria com um leve sorriso no rosto.

– Obrigada, Maria. Achas mesmo que esta roupa está legal?

– Sim, você está linda, minha filha. Linda!

– Maria, hoje vou almoçar com um amigo dos tempos da faculdade. Não precisa me esperar para o almoço – diz Luana.

– Sim, senhora, divirta-se! – diz Maria em tom de brincadeira.

Luana agarra Maria pelas costas, como de hábito, e lhe dá um abraço bem apertado.

– Me larga, garota! Não está vendo que sou uma velha senhora e que não aguento ser apertada?

– Te amo, Maria – diz Luana.

– Eu também de amo, Lu. E olha, fico muito feliz quando te vejo assim.

– Assim como?

– Radiante, alegre e feliz – diz Maria, ajeitando a gola do terninho marrom e elegante que veste o belo corpo de Luana.

– Obrigada, Maria. Confesso que não sei o que seria de minha vida sem você.

– Deixa de bobagem e vai logo para seu trabalho – diz Maria, emocionada.

– Te amo, Maria.

– Eu também te amo. Agora vá e seja feliz, meu amor.

Luana sai radiante da cozinha e se dirige ao quarto de Mariza.

Ela bate à porta suavemente.

– Quem é? – pergunta Mariza.

– Posso entrar? – diz Luana após bater novamente à porta.

– Entre, meu amor! É você? Que bom que você veio me ver hoje cedo. Bom dia, querida!

– Oi, mamãe. Posso ver que você está com outro aspecto hoje. Fico muito feliz quando lhe vejo assim – diz Luana se aproximando.

– Sim, minha filha, acordei bem hoje. Tive um sonho muito esquisito!

– Que sonho?

– Sei lá. Um sonho esquisito.

– É, me conte! – diz Luana sentando-se à beira da cama.

– Sonhei com uma menina ruivinha de sardas no rosto; ela me levava para um lugar lindo e me deitava em uma cama e me acariciava. Depois, ela e um rapaz de cabelos longos e olhos azuis, lindo, me levaram para um jardim onde existiam muitas flores e ali ficaram comigo durante um bom tempo, conversando e me auxiliando com as minhas angústias. Eu não me lembro muito bem o que eles falavam, mas posso me lembrar perfeitamente que as doces palavras me acalmavam e me deixavam extremamente feliz.

– Nossa, mamãe, que sonho lindo!

– É, e não parecia um sonho, sei lá, foi tão real... Mas confuso.

– Quem sabe não foram as preces de Maria que lhe auxiliaram?

– Minha filha, se os anjos de Maria são esses, confesso, quero ficar eternamente ao lado deles – disse, sorrindo.

– Que lindo, mamãe! Que bom que você está bem e feliz! Mãe, eu tenho que ir para o escritório. Há coisas importantes que tenho que tratar. E hoje também tenho um almoço de negócios, então não vou almoçar em casa. Já avisei a Maria.

– Poxa, filhinha, logo hoje que amanheci feliz?!

– É, mamãe, temos que cuidar dos negócios da família. Você sabe como é, né?

– Se seu pai não tivesse me trocado por aquela... – diz Mariza.

– Pare mamãe, não comece. Vou tentar chegar cedo para darmos uma volta. Você quer ir ao *shopping* comigo à noite?

– Não, filha, mas podemos assistir a um filme lá na sala.

– Ótima ideia, mamãe! Assim que eu chegar nós vamos ver o filme então.

– Vá, minha filha, vá com Deus!

– Fique com Ele também, mamãe. Eu te amo.

– Você está tão bonita hoje! – diz Mariza.

– São os seus olhos, mamãe. Eu te amo – diz Luana.

– Eu também te amo, filha.

– Tchau, mãe!

– Tchau, filha! – diz Mariza beijando suavemente a mão de Luana.

Luana sai para o trabalho e após algumas horas Maria ouve um estrondo vindo do quarto de Mariza. Renato e Maria saem correndo para ver o ocorrido.

Mariza parece estar possuída e quebra tudo no seu *closet*, jogando suas roupas pela janela e destruindo tudo que vê pela frente. Renato corre e tenta segurar a patroa, que tem uma força inexplicável.

Maria se desespera e começa a orar pedindo socorro aos espíritos de luz.

Renato se coloca à frente de Mariza tentando impedi-la de se jogar pela janela da luxuosa cobertura. Mariza tenta várias vezes jogar seu corpo contra a janela do luxuoso apartamento.

– Deus, me ajude! – grita Maria, desesperada.

Seguindo orientações de Daniel, Rodrigo e Nina chegam rapidamente ao apartamento, mas ficam na sala esperando a presença do Índio, pois só esse tipo de espírito pode lidar com os obsessores que estão no quarto atormentando e possuindo Mariza. Eles tentam de qualquer jeito destruí-la.

– Vamos esperar pelo Índio, Nina – diz Rodrigo.

– Mas por que não podemos entrar? – insiste Nina.

– Como todos nós sabemos, no mundo material há hierarquias que precisam ser respeitadas. No mundo espiritual as coisas também funcionam desta forma. Para lidar com energias mais densas, necessitamos da ajuda de espíritos que estejam afinados com esse tipo de energia. Não se pode entrar em determinados lugares sem contar com uma segurança reforçada.

– É, eu sei disso, mas nós podemos usar nossa luz para dominar o ambiente e tirar esses obsessores daqui – diz Nina.

– Não foram essas as recomendações que Daniel me passou, e além disso, se usarmos de nossa luminosidade para enfrentar esses obsessores, fugiremos do propósito maior que é auxiliar a todos – diz Rodrigo.

– Então temos mesmo que esperar o Índio – diz Nina, conformada.

– Sim, temos que esperar, mas nós podemos ajudar de outra forma – diz Rodrigo.

– O que podemos fazer?

– Vamos dar forças e fazer com que Maria ore com mais fervor por Mariza. Vamos intuí-la a orar fervorosamente.

– Sim, vamos – diz Nina.

Rodrigo e Nina estendem as mãos, direcionando-as ao quarto onde a confusão é geral; e embora estando o quarto fechado, conseguem atingir Maria com os fluidos de luz aplicados por eles.

O obsessor percebe que algo está acontecendo no ambiente e se afasta de Mariza. Maria se aproxima e abraça a amiga começando a orar com fervor:

Jesus, mestre da luz, ilumina Mariza, traga para cá seus anjos libertadores e coloque luz neste ambiente. Se há algum espírito que queira destruir minha amiga, afaste-o em teu nome, meu querido e amado Jesus. Deus, envia-nos espíritos socorristas. Que Sua paz se estabeleça nesta casa. Olhai por Mariza, Senhor!

O ambiente começa a ficar diferente. Nina percebe e se assusta com a chegada do Índio, que vem acompanhado do espírito de um negro alto, forte e de cabelos compridos.

– Sejam bem-vindos, meus amigos! – diz Rodrigo.

– Obrigado, Rodrigo, ainda bem que vocês não entraram – diz o Índio forte e musculoso.

– Por quê? – pergunta Nina.

– Vou mostrar a vocês – diz o Índio, abrindo a porta e mostrando fluidicamente a cena dentro do quarto.

Nina e Rodrigo se assustam com o número de espíritos ruins que estão dentro do quarto.

– Nossa, o que é isso? – diz Nina, assustada.

– São os espíritos que estão afinados em pensamentos com Mariza – diz Rodrigo.

– Santo Deus! – diz Nina.

– Como vocês vão tirá-los daí? – pergunta Nina.

– Nós agiremos como eles – diz o Índio.

– Como assim? – pergunta Nina.

– Agiremos em seus pensamentos – diz o Negro.

– Ah, entendi – diz Nina.

– Nós vamos fazer com que eles pensem em coisas positivas, e sendo assim eles vão se afastar desse tipo de energia que não lhes faz bem – diz o Índio.

– Podemos auxiliá-los? – pergunta Nina.

– Claro que sim, Nina! Para nós é um prazer sermos ajudados por vocês – diz o Negro.

– Venham, vamos entrar – diz Rodrigo.

O Índio traz nas mãos uma espécie de lança com algumas penas coloridas presas a um pedaço de corda muito fina. O Negro tem nas mãos um cajado pequeno e dourado. Rodrigo e Nina erguem as mãos e direcionam suas energias aos espíritos obsessores que estão no ambiente.

Uma luz muito forte adentra todo o lugar. Os obsessores saem um a um pela janela e desaparecem do lugar. Um outro obsessor insiste em ficar e é agarrado pelo Negro.

– Por que você insiste em fazer isso? – pergunta o Negro.

– Eu vou destruir a vida dela – diz o obsessor, furioso.

– Mas por quê? – pergunta Nina.

– Ela me destruiu. E agora é minha vez de destruí-la – insiste o obsessor.

– Mas isso só irá lhe atrasar mais ainda – diz Nina.

– Não importa – insiste o obsessor.

– Rodrigo, como iremos resolver isso? – pergunta Nina.

Rodrigo se levanta e tira as mãos, que estavam direcionadas à cabeça de Mariza. Ele estava dando-lhe um passe fluídico.

O obsessor olha para Rodrigo com muito ódio em seu coração.

– Você não vai se livrar de mim, Rodrigo – diz o obsessor.

– Ele lhe conhece, Rodrigo? – pergunta Nina.

– Sim, Nina, eu o conheço de longas datas.

– Já lidamos com esse espírito algumas vezes, Nina – diz o Índio.

– Mas como assim?

– Ele é um espírito legionário – diz o Negro segurando fortemente o obsessor que tenta se livrar de suas mãos.

– É melhor amarrá-lo fluidicamente – diz Rodrigo.

– Sim, Rodrigo – diz o Negro posicionando-se atrás do inimigo enquanto começa a amarrar suas mãos com uma espécie de corda fluídica.

~ 110 ~

– Não faça isso – diz Nina.

– É necessário, Nina, infelizmente – diz o Índio.

– Mas podemos dominá-lo de outra forma, podemos fluidificá-lo e colocá-lo em um sono profundo até que consiga se restabelecer, e quem sabe podemos mudar a sua forma de pensar.

– Nina, esse espírito se chama Arzão. Ele é um chefe de legião. Dificilmente nós conseguiremos persuadi-lo a desistir dessa ideia.

– Mas como assim? O amor sempre vence – diz Nina.

– Sim, Nina, o amor sempre vence, mas a história desta obsessão é muito antiga, e por diversas vezes nós já intercedemos para ajudá-lo a desistir disso, mas ele insiste. O que fazer?

– Não será possível? – diz Nina.

– Para Ele tudo é possível. Nós só não sabemos quando será a hora exata da redenção. Quando nossas preces serão atendidas – diz Rodrigo.

– Entendo, Rodrigo. Perdoe-me a insistência em querer ajudá-lo – diz Nina.

– Eu é que lhe peço desculpas, Nina. Mas podemos tentar mais uma vez modificar seus pensamentos, Arzão – diz Rodrigo dirigindo-se ao obsessor.

– Só rindo mesmo, Rodrigo. Não me venha com essa história de salvação. Eu não quero evoluir e ponto – diz Arzão.

Maria senta-se ao lado de Mariza e agradece aos bons espíritos pela paz que voltou ao lar.

– Obrigada, Deus, por me enviar estes amigos de luz – diz Maria.

Nina aproxima-se e começa a dar-lhe um passe.

– Obrigada, Jesus, por atender às minhas preces – diz Maria.

Renato, de pé próximo à porta, descansa secando o suor após a batalha. Mariza entra em sono profundo.

– Venha, Maria, vamos descer. Deixemos dona Mariza descansar – diz o rapaz.

– Sim, vamos – diz Maria se levantando.

Nina continua a dar-lhe o passe.

Após alguns segundos de reflexão, Maria e Renato voltam à cozinha para descansarem do incidente. Maria senta-se à mesa ao lado de Renato.

Renato logo questiona Maria.

– Você não vai ligar para dona Luana?

– Eu estava aqui pensando exatamente sobre isso. Acho melhor não ligar, a pobrezinha saiu daqui hoje tão feliz. Disse que ia almoçar com um amigo. Não quero estragar a felicidade dela – diz Maria.

– É, eu também acho que dona Luana merece ser feliz – diz Renato.

– Vamos observá-la o restante do dia. Se ela piorar, nós ligamos para a Luana – diz Maria.

– Sim, faremos assim – concorda Renato.

*Tudo que criamos para nós, de que não temos necessidade,
se transforma em angústia, em depressão...*

Chico Xavier

Arzão

Rodrigo, Nina, o Índio e o Negro estão ainda no quarto. Nina fluidifica todo o ambiente para que Mariza possa descansar tranquilamente.

– Tirem-me daqui, não suporto essa luz – diz Arzão.

– Nós já vamos – diz Rodrigo.

– Tirem-me daqui, seus vermes – insiste o obsessor.

– Índio, por favor, leve Arzão para as regiões umbralinas. Eu e Nina iremos em seguida para tentarmos convencê-lo a parar com isso – ordena Rodrigo.

– Sim, vamos levá-lo – diz o Índio. – Venha, negro, vamos...

Rodrigo se junta a Nina e fluidificam todo o ambiente. Maria, mesmo estando longe, sente a presença dos amigos espirituais. Ela sente o cheiro de rosas que invade todo o ambiente.

– Deus, obrigada por sua ajuda – diz Maria.

Nina se aproxima de Maria e dá-lhe um passe fluidificando seu perispírito, acalmando-a ainda mais.

– Veja, Rodrigo – diz Nina.

– Sim, estou vendo. Pobre Maria! – diz Rodrigo.

Algo não está bem com Maria. Mas Rodrigo e Nina não têm permissão para cuidar do que parece uma doença que começa a se instalar em seu corpo físico.

– Não podemos ajudar não é, Rodrigo?

– Infelizmente ainda não, Nina – diz o amigo.

– Coitada! – diz Nina.

– Na hora certa, se nos for permitido, ajudaremos Maria com essa doença.

– Eu gostaria de ajudá-la agora mesmo – insiste Nina.

– Eu também, mas não nos é autorizado.

– Podemos falar com Daniel, o que achas?

– É uma boa ideia, vamos falar com Daniel quando estivermos na colônia.

– Vou dar um passe no Renato – diz Nina.

– Faça isso, por favor, enquanto energizo o resto do apartamento – diz Rodrigo.

Após terminarem a limpeza espiritual, Rodrigo e Nina se dirigem ao Umbral onde o Índio e o Negro os esperam com Arzão.

No caminho...

– Rodrigo, por que Arzão persegue Mariza?

– Essa é uma história muito antiga, Nina.

– Você não pode me contar?

– Sim, posso sim – diz Rodrigo.

– Então você já pode começar – diz Nina, sorrindo.

– Há muito tempo Mariza realizava trabalhos de bruxaria e magia. Ela era uma sacerdotisa. E fazia muito mal às pessoas em uma pequena cidade do interior do Maranhão, no Nordeste brasileiro.

– Há quanto tempo? – pergunta Nina.

– Há muito tempo, não posso lhe precisar isso – diz Rodrigo.

– Ela era uma bruxa?

– Ela era uma sacerdotisa. Esta é a palavra correta – diz Rodrigo.

– Entendi – diz Nina.

– E foi nessa época que ela teve um relacionamento com Arzão – diz Rodrigo.

– Eles tiveram uma vida em comum?

– Sim. Ele era um próspero comerciante da região. E ela, quando soube que ele tinha muitos bens, começou a realizar trabalhos de magia para tê-lo como marido, embora ele fosse casado e pai de duas meninas.

– Nossa, lá vem coisa braba! – diz Nina.

– É, Nina, a história não é muito bonita mesmo – diz Rodrigo.

– Prossiga, por favor – diz Nina.

– Após realizar muitos trabalhos de magia, Mariza finalmente conseguiu atingir seu intento. Arzão largou sua família e passou a viver com ela. As coisas iam bem até que a filha mais velha de Arzão resolveu ter uma conversa com ele. Ela tinha na época dezoito anos e pretendia se casar com um rapaz que havia conhecido na escola.

– O que foi que a bruxa aprontou dessa vez?

– Arzão já vinha se desligando do feitiço feito por Mariza, pois como sabemos, esses espíritos que vivem a servir as coisas do mal são espíritos que não têm compromisso com ninguém. Eles hoje atendem a um chamado e amanhã atendem a outro chamado. Algumas pessoas não acreditam nisso. E basta não acreditar para se tornarem vítimas fáceis desses inimigos. As visitas feitas por Arzão à igreja, para tratar do casamento de Joana, estavam surtindo um efeito reverso, ou seja, estavam afastando dele a magia colocada por Mariza.

– E ele acabou sendo ajudado pela filha?

– Sim, ele conversou muito com Joana. Claro que escondido de Mariza. Esse contato com a filha afastou definitivamente todos os espíritos que o mantinham ao lado de Mariza.

– Mas como isso aconteceu?

– Ele simplesmente decidiu ouvir Joana e deixou Mariza para voltar a viver com a família. A presença da filha foi fundamental para sua libertação.

– Mas Joana só queria conversar sobre o casamento, o que houve?

– Joana é um espírito de muita luz. Ela foi enviada àquela família para ajustar-se à sua mãe, o que conseguiu com muita alegria. O problema é que os espíritos que acompanhavam Arzão não conseguiam agir sobre ele nos momentos em que ele estava com sua filha.

– Entendi. Então foi nesses momentos que Arzão recobrou a razão e decidiu abandonar Mariza?

– Exatamente, Nina. O feitiço não funcionava quando ele estava perto de Joana. Ela tinha o poder, mesmo sem saber, de afastar os espíritos malignos que comandavam seu pai.

– E Mariza?

– Mariza era uma sacerdotisa e uma excelente feiticeira, conhecia muito bem seu marido. E logo soube, por intermédio de espíritos afins a ela, o que realmente acontecia.

– E então? – pergunta Nina.

– Mariza percebeu que só conseguiria Arzão de volta se ele se afastasse definitivamente da filha Joana. Ela foi informada da luz da menina.

– Nem me conte, Rodrigo.

– Sim, Nina, infelizmente ela decidiu matar a menina.

– Meu Deus! – diz Nina.

– Ela matou Joana envenenada. E é por isso que Arzão não a perdoa e a persegue por diversas encarnações. Todas as vidas de Mariza de lá para cá são vidas de desunião com a família, assim Arzão sente-se vingado.

– Precisamos convencê-lo a deixar isso de lado, Rodrigo – diz Nina.

– Sim, precisamos mesmo – diz Rodrigo.

– Estamos chegando – diz Nina.

– Sim, veja, o Índio está com Arzão – diz Rodrigo se aproximando.

– Olá, amigo! – diz Rodrigo.

– Olá! – diz o Índio.

– Onde está o Negro? – pergunta Nina.

– Tomando conta da entrada – diz o Índio.

– Odeio vir aqui – diz Nina.

– Realmente, este não é o melhor lugar para alguém viver – diz Rodrigo.

Arzão está dormindo em uma maca branca sobre um elevado no solo escuro do Umbral.

***

O Umbral se caracteriza como um lugar de extremo sofrimento, "de choro e ranger de dentes". Muitas vezes o espírito, tão ignorante, desencarna, passa ali vários anos e mesmo assim ignora sua condição de desencarnado.

O Umbral é a sede dos espíritos de baixo desenvolvimento espiritual da Terra. Sua descrição é, não raro, de um lugar de trevas, povoado de dor, gritos de sofrimento, gemidos, de um insuportável cheiro pútrido, o que já é suficiente para caracterizar o nível moral dos que ali residem. Essa descrição *deve* ser tomada como uma constante, pois o Umbral, como já relatado alhures, se trata do nome do lugar onde existem essas características básicas e para onde os espíritos inferiores são encaminhados para resgatar dívidas, crimes e infrações. O Umbral se localiza próximo à crosta terrestre. É um lugar de dor e sofrimento.

– Venha, Nina, vamos levar Arzão até a nossa colônia.

– E podemos fazer isso?

– Sim, Daniel me autorizou – diz Rodrigo.

– Então vamos – diz Nina.

– Índio, por favor, arrume quatro auxiliares e vamos levar Arzão para ser tratado em nossa colônia.

– Sim, vou fazer isso – diz o Índio.

O Índio chama quatro auxiliares, e juntos, colocam Arzão em outra maca para ser transportado cuidadosamente para a Colônia Espiritual Amor & Caridade.

Não se turbe o vosso coração; credes em Deus,
crede também em mim.
Na casa de meu Pai há muitas moradas; se não fosse
assim, eu vo-lo teria dito. Vou preparar-vos lugar.

João 14:1-2

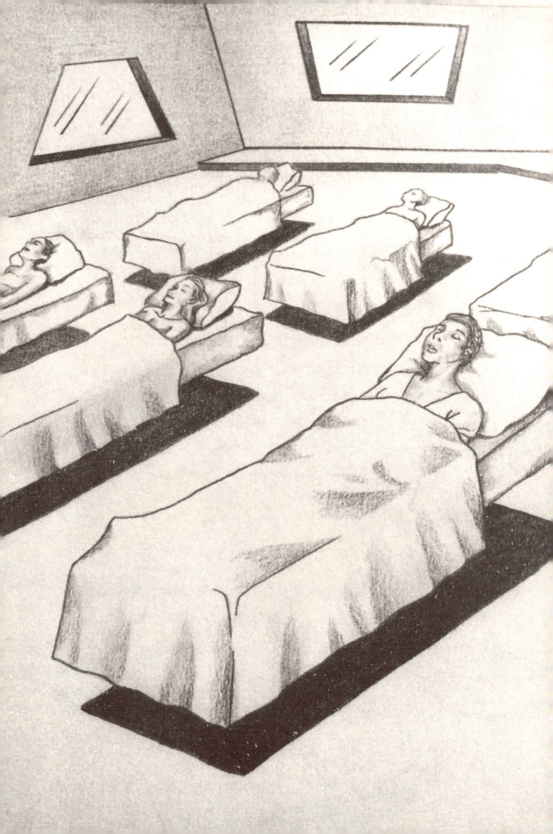

Colonia Espiritual Amor & Caridade

Logo ao chegarem à colônia, Rodrigo pede que Arzão seja colocado em uma das enfermarias, para ser tratado com os fluidos que o farão descansar profundamente.

Nina e Felipe se dispõem a dar os passes necessários em Arzão, o que Rodrigo autoriza imediatamente. Daniel se aproxima do grupo caminhando lentamente.

– Como estão? – pergunta Daniel.

– Estamos bem, Daniel – responde Nina – e você?

– Estou ótimo. Como foi a viagem?

– Viemos logo, trazendo esse pobre irmão que necessita perdoar – diz Rodrigo.

– Sim, conheço bem esta história – diz Daniel.

– Será que poderemos interceder para que essa obsessão cesse, Daniel? – pergunta Nina.

– Assim que Luana se casar e Maria resolver suas diferenças, poderemos dar por finalizada esta dívida – diz Daniel.

– Como assim, Daniel? – pergunta Nina.

– Esta é uma evolução que estamos acompanhando bem de perto – diz Daniel.

– Eu não sabia disso – diz Rodrigo.

– Rodrigo, embora você tenha se disposto a auxiliar Mariza durante algumas vidas, você nunca nos perguntou o porquê desta missão. E isso eu admiro muito – diz Daniel.

– O bom servidor serve – diz Rodrigo.

– É verdade – diz Felipe.

– E agora, Daniel, o que será de Mariza, Maria, Luana e esse pobre homem?

– Agora vamos cuidar dele. E assim que ele acordar, leve-o até minha sala e lá poderemos entender um pouco mais desta história – diz Daniel.

– Veremos mais da vida deles? – pergunta Nina.

– Sim, Nina, vou mostrar a vocês um pouco mais desta história – diz Daniel.

– Faremos assim – diz Rodrigo.

– Daniel, posso lhe perguntar uma coisa?

– Sim, Nina.

– Rodrigo conversou comigo sobre o começo desta obsessão. Ele me disse que Mariza era uma bruxa e que fez muita bruxaria para ter Arzão ao seu lado.

– Sim, foi isso mesmo – diz Daniel.

– Eu gostaria de entender um pouco mais sobre essa coisa de bruxaria – diz Nina.

– Eu vou lhe explicar, Nina – diz Daniel.

– Podemos nos sentar, Daniel? – pergunta Felipe que se aproxima do grupo.

– Sim, façamos assim: vamos deixar Arzão repousando e vamos até os jardins. Lá, sentaremos e vou poder explicar tudo para vocês. Pode ser assim?

– Claro, Daniel, vamos! – diz Rodrigo puxando a fila de espíritos que querem aprender com Daniel.

Em Amor & Caridade há amplas praças e jardins, preparados exclusivamente pelos espíritos superiores, para servirem de locais de descanso aos que trabalham na colônia.

Tudo é fluídico e necessário para que não nos esqueçamos do tempo em que vivemos entre aqueles que mais amamos quando encarnados.

Daniel escolhe uma pequena praça onde há alguns adolescentes sentados conversando. Há vários bancos feitos de madeira e coloridos. As flores são de cores variadas. Há pequenas borboletas que harmonizam ainda mais o ambiente.

– Vamos nos sentar aqui? – sugere Daniel.

– Mas e os jovens? – pergunta Nina.

– Convide-os a participarem de nosso estudo – sugere Daniel.

– Posso?

– Sim, Nina, faça isso – diz o mestre.

Nina então vai à frente do grupo que se aproxima dos jovens lentamente.

– Boa tarde a todos – diz Nina.

– Boa tarde, Nina – dizem os jovens.

Há cerca de quinze jovens sentados. Uns sentados nos bancos, outros sentados no extenso gramado.

– Olhem o Daniel! – diz Carolina.

– Oi, Carol! – diz Daniel se aproximando.

– Vocês querem que saiamos daqui?

– De forma alguma, Carolina – diz Nina.

– Pensei que poderíamos atrapalhar vocês – diz Carol.

– Não, inclusive gostaríamos que vocês participassem deste nosso encontro – diz Nina.

– Nossa, para nós é um enorme prazer – diz Rafael, um jovem de aproximadamente treze anos.

– Então, sentemo-nos para escutar nosso querido presidente – diz Felipe.

– Acomodem-se – diz Daniel.

Todos se ajeitam sentados muito próximos uns aos outros. Todos curiosos para aprender com Daniel.

– Vejamos por onde começar...

– Comecemos pelo começo – diz o sábio e iluminado Daniel.

Quando criou a vida, primeiro Ele criou os elementos que possibilitam a vida. E sendo assim Ele ordenou que os elementos existentes se comunicassem e se auxiliassem para que Sua obra fosse completa. Assim, quando habitas em um corpo físico este corpo físico na verdade é uma composição de elementos que por meio das ordens dEle se uniram para lhe proporcionar a existência.

– Entendem?

– Sim, Daniel.

– Prossigamos...

– Esses elementos possuem uma energia própria que, unindo-se a outra energia própria, gera alguma coisa.

– Compreendem?

– Sim, Daniel.

– Unidas, as energias condensam-se formando algo que atrai ou expele por sua variação própria. Sendo assim, existem elementos que, juntando-se, criam expectativas positivas; e outros elementos que, juntando-se, criam expectativas negativas.

– Tudo é composto por substâncias químicas. O ser humano, por exemplo, é um amontoado de carbono, oxigênio, hidrogênio e outros dezoito elementos. Todos os objetos são feitos de átomos que interagem entre si e formam uma infinidade de substâncias com propriedades diferentes. Manipulando os diferentes elementos, o homem consegue – muitas vezes por acaso – formular remédios, melhorar alimentos e descobrir como a natureza funciona. Também faz coisas fantásticas como transformar pessoas em zumbis por meio da magia que estes elementos têm.

– Como assim, Daniel? – pergunta Nina.

– Um exemplo bem simples, Nina, está nas ervas, que nada mais são que átomos condensados em uma forma.

– Sim, entendo.

– Sendo assim, um chá de determinada erva detém um poder, uma fórmula, uma energia. Entende?

– Sim, agora entendo. Tudo tem um poder.

– Isso mesmo, Nina, tudo tem um poder determinado. Não um poder absoluto. Porque um destrói o outro que contrai o outro e assim por diante.

– Entendi, Daniel. Se misturarmos determinados elementos e energias teremos um resultado que pode ser positivo ou negativo. Isso depende da fórmula, é isso?

– Sim, é isso – diz Daniel. – Vou lhes dar outro exemplo: proteínas x carboidratos.

– Os carboidratos são fontes imediatas de energia para o cérebro e o sangue. Vocês concordam?

– Sim, Daniel.

– Já as proteínas são essenciais para os músculos e para a defesa do organismo. Vocês se lembram disso?

– Sim, Daniel – diz Carolina.

– Os carboidratos e as proteínas são dois elementos básicos e importantes à nossa saúde. Devem estar presentes em nosso prato todos os dias para mantermos uma alimentação saudável e equilibrada enquanto estamos encarnados.

– É uma mistura, concordam?

– Sim, Daniel.

– Então, vamos prosseguir: restringir a dieta a apenas um deles ou consumi-los em excesso pode ser perigoso e fazer mal ao organismo.

Concordam?

– Sim, Daniel – diz Nina.

– Os carboidratos, por exemplo, são fontes primárias de energia e funcionam como combustível para o cérebro, medula, nervos e células vermelhas do sangue, ou seja, mantêm o corpo funcionando. Por isso, a deficiência deles pode trazer riscos para o sistema nervoso central e para o organismo, de maneira geral. Conseguimos ver aqui claramente que os elementos e alimentos que compõem o orbe terreno são ricos em energias benéficas e maléficas. Concordam?

– Sim, Daniel.

– Agora então vamos falar de bruxarias e trabalhos feitos com esses elementos. Será que a composição energética desses elementos tem alguma influência sobre o espírito?

– Nossa, essa nem eu sei responder – diz Felipe.

– Pois, pensem – diz Daniel.

– Não sabemos responder, Daniel – diz Nina.

Todos ficam calados esperando pelo ensinamento do mestre.

– Pois bem, tudo na criação está ligado. Todos os elementos estão associados à existência. E toda forma criada por Ele tem por objetivo as experiências necessárias à evolução. Ou seja, os corpos físicos são instrumentos necessários às experiências espirituais com um único objetivo – a evolução. Os demais elementos estão como serviçais da vida humana e têm sobre ela algum poder. Outro exemplo que posso citar são os vícios do álcool, do cigarro e das drogas. São composições químicas que geram nos usuários uma dependência muito grande. Por meio destas composições pode o homem exercer sim poder sobre outro espírito encarnado. Portanto, aqueles que se dedicam a conhecer as composições energéticas e fluídicas conseguem exercer poder sobre os mais fracos. Vejam vocês, trabalhadores aqui da colônia. O que fazemos todos os dias?

– Tratamos nossos pacientes com passes fluídicos – diz Felipe.

– E o que são os fluidos?

– São energias criadas por Ele para auxiliar a todos os Seus filhos.

– Muito bom, Nina! É isso. Fluidos, misturas, composições, arrumações, uniões, separações. Tudo isso foi criado para nos auxiliar em nossa evolução pessoal. Este é o desejo dEle.

– Nossa, Daniel! Como é bom ter você por perto! – diz Nina.

– Obrigado, Nina.

– Então, para resumir, há espíritos que se dedicam e aprofundam seus conhecimentos nos estudos dessas energias com o intuito de utilizá-las para o mal? – diz Rodrigo.

– Infelizmente, sim, Rodrigo. Lembremo-nos que todos os espíritos têm o livre-arbítrio. Tudo você pode fazer. Mas não vos esqueçais que sois o semeador. Aquilo que semeias, colherás.

– É isso que está acontecendo com Mariza? – pergunta Felipe.

– Sim, Felipe, é exatamente isso que está acontecendo com ela. Reparem que ela hoje não vive sem seus remédios, que nada mais são do que composições.

– Verdade – diz Nina.

– Ela agora colhe a dependência que causou a Arzão em vidas passadas. Ele é que ainda não entendeu que ela colhe o que semeou. Eu, no lugar dele, já teria entregado Mariza a seu próprio destino – diz Daniel.

– O que então, Daniel, poderemos fazer para auxiliá-los? – pergunta Rodrigo.

– Assim que ele acordar, leve-o à minha sala; juntos, encontraremos uma solução evolutiva para este caso.

– Obrigada, Daniel.

– De nada, Nina.

– Agora deixemos nossos jovens refletir sobre este ensinamento – diz Daniel.

– Daniel, posso lhe pedir uma coisa?

– Sim, Carolina.

– Você pode fazer uma prece conosco? É que estamos com muitas saudades de nossos pais – diz a jovem.

– A saudade nada mais é que a ausência. Procure, Carolina, lembrar-se sempre dos momentos bons que você viveu ao lado de seus pais. Essas lembranças refletirão nos corações a paz necessária a esta separação temporária que há entre você e eles. Saibam, meninos e meninas, que Ele vos ama profundamente e que Ele nunca causaria em seus corações dores que não pudessem ser reparadas. Breve todos vocês estarão juntos, revivendo os momentos que eternizaram este nobre sentimento em seus corações.

– Mas você pode fazer uma prece?

– Sim, meu amor, eu vou fazer. Oremos...

Senhor Deus, Criador de todas as criaturas, venho em Tua presença para pedir por aqueles que ficaram no orbe terreno sentindo a saudade dos que estão nos planos espirituais. Senhor, alivia estes corações. Traga-os para as esferas sublimes e acalma-lhes o espírito. Façais que seus corações sigam a aventura terrena serenamente e que a dor seja esquecida como o orvalho que cairá à noite sobre as folhas secas do verão.

Senhor dos Senhores, Mestre dos Mestres, traga a sabedoria a esses espíritos que se encontram em nossa colônia. Que a paz invada os seus corações e que nunca, jamais eles sofram pela dor da ausência.

Graças, Senhor.

– Obrigada, Daniel – diz Carolina.

– Eu é que agradeço todos os dias esta oportunidade – diz o mestre.

Nem sempre terás o que desejas, mas enquanto estiveres ajudando aos outros encontrarás os recursos de que precisas.

Chico Xavier

A vida

São Paulo, 6 da manhã.

Maria acorda para preparar o café da manhã para Luana e sente um desconforto no peito. Fica incomodada com a dor e logo procura tomar um analgésico. Após algum tempo, Luana chega à cozinha para tomar seu café da manhã.

– Bom dia, Maria!

– Bom dia Lu.

– Tudo bem?

– Tudo.

– O que houve, Maria? Por que você está com essa cara? Aconteceu alguma coisa ontem com a mamãe?

– Luana, a sua mãe não tem mais jeito. Ontem ela quebrou o quarto todo e deu muito trabalho para mim e para o Renato. Olha, não foi fácil para nós segurá-la e acalmá-la.

– Mas quando eu saí estava tudo bem.

– Sim, Luana, quando você saiu ela realmente estava bem, de repente escutamos um barulho muito forte e corremos até o quarto. Qual foi nossa surpresa? Ela estava enfurecida e quebrando tudo.

— Meu Deus, eu não sei o que fazer com a mamãe!

— Sua mãe sofre com uma obsessão, eu já lhe disse isso.

— Lá vem você com essa história de espiritismo!

— Não vou falar mais nada sobre isso. Nós, espíritas, temos o dom de sentir determinadas coisas. E posso lhe afirmar que sua mãe sofre com uma obsessão muito forte.

— Sendo assim, por que então seus amigos espíritos não ajudam a mamãe a ficar boa?

— Porque ela precisa querer ser ajudada. Por isso – diz Maria.

— Maria, me desculpe, mas como já lhe disse, não acredito nisso.

— Sem problemas, Luana – diz Maria saindo da cozinha e indo em direção à sala de jantar onde a mesa já está posta com o café da manhã.

Luana vai atrás de Maria.

— Você ficou chateada comigo? – pergunta Luana.

— Sim, eu fico chateada quando você fala assim de minha religião.

— Maria, eu não estou falando mal da sua religião, eu simplesmente não acredito em espiritismo. Só isso.

— O seu problema é que você nunca foi a um centro espírita e fica imaginando coisas.

~ 142 ~

– Realmente eu nunca fui a um centro espírita, porque temo pelas coisas que vocês fazem lá.

– *Tá* vendo? Você julga sem conhecer – diz Maria.

– Não é questão de julgamento e sim de liberdade.

– Tens o livre-arbítrio para decidir o que queres – diz Maria.

– Sim, tenho o meu livre-arbítrio. Neste momento não desejo conhecer sua religião – diz Luana.

– Pois bem, então fique com a sua mãe e todas as suas dores – diz Maria, mostrando-se chateada.

Maria sai da sala de jantar.

– Com licença, Luana, tenho mais o que fazer – diz Maria.

– Você está chateada comigo?

– Sim – diz Maria saindo do ambiente.

– Chame a mamãe, por favor, Maria – grita Luana.

Sem responder, Maria vai até o quarto de Mariza chamá-la para o café da manhã. Em silêncio, Maria se aproxima de Mariza que está deitada, acordada olhando para o teto.

– Bom dia, Mariza!

– Bom dia, Maria!

– A Luana está tomando café e me pediu para chamá-la.

– Eu já vou. Você pode me ajudar a vestir?

– Sim, claro, levante-se.

Mariza se levanta e vai até o *closet* escolher um roupão para descer e tomar o café com sua filha. Ela parece calma e serena como se nada tivesse acontecido. O ambiente está limpo e arrumado, pois Maria já havia organizado tudo após a crise de Mariza.

– Maria.

– Sim.

– Luana está bem? – pergunta Mariza.

– Sim. Mas por que a pergunta?

– Eu preciso muito falar com vocês duas. Vou aproveitar este momento para termos uma conversa.

Maria fica impressionada com a lucidez de Mariza e estranha ela querer conversar com as duas.

– Sem problemas, Mariza, vamos descer então e tomar o café com a Luana.

– Já estou indo, deixe-me escovar os dentes.

Assim, serenamente Mariza vai até o espaçoso banheiro e escova os dentes enquanto Maria a espera sentada nos pés da cama que havia acabado de arrumar.

– Vamos – diz Mariza.

Ambas descem a escada que dá acesso à sala. Luana ouve os passos e fica curiosa em saber quem se aproxima da sala de jantar.

– Mãe, que bom que você veio tomar café comigo! – diz Luana levantando-se da cadeira e recepcionando Mariza com ternura.

– Preciso muito conversar com você e com a Maria – diz Mariza sentando-se ao lado de Luana.

– Sente-se, Maria – diz Mariza.

– Sente-se, Maria – diz Luana.

Maria senta-se ao lado das duas e espera Mariza se pronunciar.

– Filha, eu sei que tenho dado muito trabalho a você e a seu irmão. Sem contar, é claro, as dores de cabeça que sempre provoquei em Maria.

Todos ficam assustados com a serenidade e a franqueza com que Mariza conduz a conversa.

– Desde que me entendo como gente, tenho causado dores às pessoas que mais amo. Na sua infância e na de seu irmão, confesso não fui capaz de proporcionar-lhes a felicidade. Se não fosse a Maria, dificilmente eu seria o que sou hoje e vocês não seriam o que são, pois sempre me senti incapaz de criar vocês. O pai de vocês sempre foi um homem muito ocupado e dava-nos muito pouca atenção. Os negócios sempre foram para ele o mais importante na vida, mas foi um bom pai que soube educá-los. Seu irmão, que sempre judiei, tornou-se um grande empresário e um excelente chefe de família. Você, Luana, precisa de paz e equilíbrio para seguir seu caminho, casar-se e ser feliz. Hoje sei que você vive esta vida miúda porque eu lhe causo muita preocupação e sofrimento.

– Não diga isso, mamãe – diz Luana segurando nas mãos de Mariza.

– Deixe-me continuar, filha.

– Continue, mãe.

– Hoje acordei com a certeza de que preciso me cuidar. Quero participar mais da vida de vocês. Tanto de você, Luana, quanto da sua vida, Maria. Eu quero passear, ir ao *shopping*, ir ao centro espírita para me tratar, enfim, ser feliz. Preciso me cuidar e deixar que vocês sejam felizes.

Todos ficam surpresos com a decisão de Mariza.

– Nossa, mamãe, que bom que você acordou assim! – diz Luana.

– Você está bem, Mariza? – diz Maria.

– Estou ótima, não quero mais tomar remédios. Eu quero é ser feliz – diz Mariza sorrindo.

– Minhas preces foram ouvidas – diz Maria.

– Sim, Maria, acho que Deus ouviu suas preces; e eu, sinceramente, lhe agradeço por você estar há tantos anos ao meu lado, orando e me ajudando na vida – diz Mariza olhando dentro dos olhos de Maria.

– Que isso, Mariza!

– Sim, Maria, você trocou a sua vida pela minha vida. E eu só tenho a lhe agradecer.

Mariza abraça Maria com ternura e amor.

Luana assiste a tudo, emocionada, com lágrimas nos olhos.

– Quanto a você, Luana, busque a sua felicidade – diz Mariza.

– Nossa, mamãe! Perdoe-me, mas o que houve com você?

– Não sei lhe explicar muito bem. Só sei que ontem alguma coisa muito forte entrou no meu quarto e eu acordei assim. Acordei disposta a mudar a minha história, disposta a mudar minha vida.

– Que bom que as coisas se ajeitaram! – diz Maria.

– Só me lembro de você orando ao meu lado fervorosamente, pedindo a espíritos de luz que viessem em meu socorro, Maria – diz Mariza.

– Realmente, ontem eu estava muito desesperada e orei com fervor pedindo a Deus que intercedesse por nós.

– Luana, nós devemos isso a Maria – diz Mariza.

– Devemos o que, mamãe?

– Devemos uma visita ao centro espírita que ela frequenta exclusivamente para orar por nossa família.

– Estávamos ainda há pouco falando sobre isso – diz Luana.

– Pois bem, quero que você vá comigo ao centro espírita. Eu acho, sinceramente, que as preces e esses espíritos amigos de Maria me ajudaram bastante e temos que ser gratos a essa ajuda espiritual – diz Mariza.

– Se assim deseja, mamãe, posso ir com você sim – diz Luana.

Maria assiste a tudo com um sentimento muito grande de gratidão dentro de seu peito. Ela tem a certeza de que suas preces foram ouvidas.

Um forte cheiro de rosas perfuma todo o ambiente.

– Sinta aquele cheiro de novo, Maria – diz Luana.

– Sim, posso sentir o aroma de rosas – diz Mariza.

– Esse cheiro é comum aqui em casa, mamãe – diz Luana.

– Que cheiro é esse, Maria?

– É o cheiro do amor de Jesus por esta família – diz Maria.

Todos se emocionam.

Nina e Rodrigo estão na sala irradiando fluidos de amor e união naquela linda manhã de outono.

Confusa, Luana aceita qualquer coisa para ver Mariza feliz.

– Ainda bem que você acordou assim, Mariza – diz Maria.

– Chega de dor e sofrimento nesta casa, não é, Maria?

– Nossa, mamãe, como estou feliz! – diz Luana secando as lágrimas.

– Não chore, minha filha – diz Mariza.

– Não fique assim, Luana – diz Maria.

– Estou emocionada, só isso – diz a jovem.

– Conte-nos do seu encontro ontem – sugere Maria.

– Olha só, está namorando e nem me avisou... – diz Mariza sorrindo.

– Não estou namorando, foi só um almoço com um amigo da faculdade que há muito tempo eu não via.

– Só isso mesmo?

– Só, mamãe, só isso – diz Luana com um leve sorriso no rosto.

– Agora vamos tomar o nosso café – diz Mariza, disposta.

– Vamos sim – diz Luana.

Maria ameaça se levantar e é segura pelo braço por Mariza.

– E você, minha grande amiga, nunca mais se afaste de nós.

Emocionada, Maria não consegue conter as lágrimas de felicidade. Enfim, a paz está estabelecida naquele lar.

Nina emociona-se e abraça Rodrigo em um gesto de amor e misericórdia.

Todos estão felizes.

*Tudo tem seu apogeu e seu declínio... É natural que
seja assim, todavia, quando tudo parece convergir
para o que supomos o nada, eis que a vida ressurge,
triunfante e bela!... Novas folhas, novas flores, na
infinita bênção do recomeço!*

Chico Xavier

Osmar Barbosa

O amor acima de tudo

Mariza, Maria, Renato e Luana chegam ao centro espírita e são recebidos por Jonas, que fica impressionado com a beleza de Luana, mas feliz pela presença de todos.

– Olá, Maria! – diz Jonas se aproximando.

– Boa noite, Jonas! Olhe quem veio nos visitar hoje!

– Nossa! Acredito ser dona Mariza e sua filha... Como é mesmo o nome dela?

– Luana – diz a jovem estendendo a mão para cumprimentar Jonas.

– Seja bem-vinda, Luana! – diz Jonas.

Uma onda de gentilezas sinceras invade o lugar.

– Boa noite, me chamo Mariza e gostaria de agradecer a todos vocês as preces que me proporcionaram estar aqui hoje – diz Mariza cumprimentando Jonas.

– Senhora, nós é que agradecemos aos nossos mentores espirituais por terem conseguido libertá-la da dor e do sofrimento – diz Jonas, feliz.

Jonas é um jovem muito simpático e bonito. Luana fica impressionada com a beleza do jovem rapaz.

– Venham sentar-se – convida Jonas.

Maria, auxiliada por Renato, leva Luana e Mariza a sentar-se na primeira fila bem próximo à mesa de reuniões.

Luana repara que no centro espírita não há imagens. O lugar é limpo, organizado e apenas alguns quadros enfeitam as paredes. Há uma mesa no centro do palco onde se dispõem oito cadeiras. No centro da mesa há um jarro com rosas brancas e mais nada. Tudo o que ela imaginará não existe naquele lugar.

Logo todos estão em silêncio e sentados. O orador agradece a presença de todos e convida o palestrante a proferir a prece e dar início à palestra do dia com o tema *A família*.

Atentamente, Luana assiste à palestra sentada ao lado de Mariza. Luana se mantém em silêncio, e fica muito emocionada com as palavras de Jonas, pois ele é o palestrante escolhido do dia. Cada palavra dita entra no coração de Luana como ensinamentos que ela pressente já ter ouvido. Assustada e impressionada com todos aqueles sentimentos que atingem seu coração, Luana se sente feliz. Parece ter encontrado a verdadeira razão de viver.

Uma avalanche de sentimentos transforma o ódio pelo espiritismo em amor instantaneamente. Luana parece pertencer àquele ambiente e fica extremamente mexida com tudo. Jonas percebe que Luana tem um brilho diferente nos olhos e reforça a palestra direcionada ao amor na família.

Logo após a palestra a sessão de cura é iniciada. Todos recebem o passe de magnetismo curativo. Mariza sente-se feliz ao perceber que Maria tinha razão. Todos estão felizes.

Ao final Jonas procura a família para cumprimentar a todos.

– Obrigado pela presença – diz o jovem cumprimentando Mariza.

– Jonas, se eu soubesse que era tão bom assim, certamente eu já teria vindo aqui outras vezes. Mas posso lhe assegurar que nunca mais me afastarei deste lugar.

– Obrigado, Mariza – diz Jonas.

– E você, Luana, gostou?

– Se eu gostei? Olha, Jonas, eu sempre briguei com a Maria porque ela insistia em falar de espiritismo lá em casa. E hoje peço perdão a ela e a todos os espíritos de luz que muito têm nos auxiliado a seguir em frente. Agora compreendo que o espiritismo é, na verdade, uma religião de amor. E você pode ter certeza de uma coisa: logo estarei ao lado de vocês para auxiliá-los nesta obra de amor.

Mariza se emociona ao ouvir as palavras da filha e a abraça.

– Nossa, minha filha! Que palavras lindas! Imagina se a Maria ouve isso...

– Eu ouvi – diz Maria se aproximando.

– Viu, minha filha? Eu sempre lhe disse que esta religião é a religião do amor.

– É, Maria, agora eu compreendo o cheiro de rosas – diz Luana, sorrindo.

Todos riem, felizes.

– Boa noite, então – diz Jonas.

– Boa noite – diz Luana estendendo as mãos para cumprimentar.

Jonas segura a mão de Luana durante alguns segundos. E isso mexe com os sentimentos de ambos.

Maria percebe a atração, mas decide ficar calada.

Nina, Felipe e Rodrigo são os mentores que trabalharam naquela noite. E felizes, comentam a situação.

– Viu, Nina, o sentimento no coração de Jonas? – diz Felipe.

– Vi e fiquei muito feliz.

– Vocês perceberam que alguma coisa maior está acontecendo? – pergunta Rodrigo.

– O que está acontecendo, Rodrigo? – diz Nina.

– Vocês não perceberam que Mariza é outra mulher?

– Sim, eu percebi – diz Nina.

– Mas por que ela está agindo assim, Rodrigo? – pergunta Felipe.

– Só pelo fato de Arzão estar na colônia recebendo o tratamento adequado Mariza sente-se liberta e feliz.

– Verdade – diz Felipe.

– Será que conseguiremos libertá-los? – diz Nina.

– Eu não tenho certeza, Nina, mas me parece que Daniel está conseguindo resolver essa obsessão.

– Deus seja louvado! – diz Nina.

– Sempre – diz Felipe.

– Vamos voltar à colônia – diz Rodrigo.

– Vamos sim, os trabalhos aqui já terminaram – diz Nina.

Assim todos voltam para seguirem em frente.

Assim como a semente traça seu destino, todos os dias enraizamos nosso amanhã.

Osmar Barbosa

Superação

Mariza viaja a Belo Horizonte para levar a boa-nova ao filho. Logo, todos estão reunidos no lindo sítio da família.

– Eric, meu filho, sente-se aqui. Quero muito conversar uma coisa com você – diz Mariza sentada na varanda do sítio.

– Sim, mamãe – diz o jovem sentando-se.

– Sabe, meu filho, durante muitos anos fui uma mulher fria e sem coração. Hoje, estou liberta desses sentimentos e quero lhe pedir desculpas por tudo o que lhe fiz. Quero, principalmente, lhe assegurar que te amo profundamente.

– Mamãe, eu também te amo. Na verdade, nunca compreendi muito bem por que você era uma pessoa tão má. Mas segundo Luana me disse, você agora é outra pessoa.

– Sabe, Eric, eu nunca fui uma mulher muito religiosa, mas depois que conheci a doutrina espírita, pude conhecer a palavra de Deus de uma forma diferente. Agora compreendo que somos espíritos encarnados em processo de evolução e que estamos aqui em grupos para nos ajustar e nos melhorar.

– É, mamãe, eu tenho frequentado um centro espírita aqui em Belo Horizonte e até estou animado para ir conhecer o Chico Xavier.

– Nossa, será que você pode me levar?

– Claro, mamãe, amanhã mesmo podemos ir até Uberaba e visitá-lo.

– Será que a Luana e a Samanta vão querer ir conosco?

– Claro que sim, mamãe, quem não quer conhecer Chico Xavier?

– É verdade, filho. Chico é um homem muito iluminado.

– Olhe mamãe, as crianças estão lhe esperando para brincar com elas.

– Eu já vou. Mas antes quero que você me perdoe verdadeiramente. E quero lhe assegurar que nunca mais vou me afastar de você e de sua família. Que na verdade é a minha família que eu havia desprezado sem razão.

– Mamãe, vamos fazer assim: vamos esquecer o passado e viver o presente.

– Melhor ainda, meu filho. Vamos viver o presente e o futuro. Sempre unidos no amor de Jesus.

– Isso, mamãe, vamos viver no amor de Jesus – diz Eric abraçando Mariza.

Gotas de luz descem sobre Mariza e Eric, vindas da Colônia Amor & Caridade.

Luana, que assistia a tudo de longe, se aproxima.

– Vejo que vocês fizeram as pazes.

– Nunca deveríamos ter nos separado – diz Mariza.

– Deixe de bobagens, mamãe – diz Eric.

– Mamãe, eu estava olhando vocês ao longe e pude perceber que vocês estão envoltos em muita luz. Agora é esquecermos o passado e vivermos esta nova realidade – diz Luana.

-- Era exatamente sobre isso que eu e seu irmão estávamos conversando. Quanto tempo perdido! Quanta injustiça eu cometi!

– Não pense assim, mamãe – diz Luana.

– Eu é que perdi esse tempo jogado fora. Eu poderia ter enxergado isso há mais tempo.

– Às vezes, presos às coisas materiais, acabamos por nos esquecer da coisa mais importante para a nossa felicidade.

– O que é mais importante para a nossa felicidade, Eric?

– A família. Sem ela não somos nada. Eu vivo aqui em Belo Horizonte, distante de vocês, porque sempre tivemos essa dificuldade de relacionamento. Agora Deus presenteou a nossa família restabelecendo o juízo de mamãe. E devemos agradecer todos os dias por este milagre – diz Eric, emocionado.

– Meu filho, me perdoe – diz Mariza.

– Mamãe, olhe para os seus netos e veja que nossa família vai continuar. Logo eles serão rapazes e terão suas esposas e toda a nossa história poderá ser contada pela eternidade. Somos responsáveis por semear hoje aquilo que nosso futuro refletirá. Hoje somos carne, amanhã seremos apenas lembranças. Decerto que continuaremos na eternidade, mas aqui seremos apenas lembranças.

– Isso é verdade, meu irmão – diz Luana.

– Então o que temos a fazer é construir no dia a dia uma bela história.

– Com certeza! É isso aí, maninha – diz Eric.

Luana se levanta e abraça o irmão. Mariza, ao assistir a cena, se emociona.

Eric então abre os braços e convida a mãe a partilhar do momento tão especial. Ambos se abraçam, felizes.

Não existem acasos. Estamos juntos para ajustar as nossas diferenças. A vida não se resume a esta vida.

Osmar Barbosa

Osmar Barbosa

Laços eternos

Luana acorda cedo para seu desjejum. Ao chegar à cozinha vê que Maria ainda não se levantou. Assustada, ela vai até o quarto da empregada para verificar se está tudo bem. Lentamente ela empurra a porta do pequeno quarto de empregada onde Maria dorme e logo ouve Maria agonizando. Desesperada, Luana corre ao seu encontro.

– Maria, o que houve? Maria... meu Deus...

Maria não responde, apenas murmura palavras sem nexo e geme. Parece sentir muita dor.

Rapidamente Luana corre até a área de serviço para verificar se Renato já chegou.

– Renato, ainda bem que você está aí. Ajude-me, por favor, a Maria parece estar morrendo.

– Meu Deus! – diz Renato, nervoso.

Ambos correm até o quarto de Maria.

– Olhe, Renato, ela está muito mal – diz Luana.

– Senhora, se me permite. Eu não vou nem chamar a ambulância, é melhor nós mesmos levarmos a Maria para o hospital.

– Sim, vamos fazer isso. Coloque-a no carro, que vou trocar-me rapidamente para ir com vocês – diz Luana.

– Sim, senhora.

Renato pega Maria e a coloca no carro estacionado na garagem.

Rapidamente Luana chega e ambos saem correndo para o hospital.

Logo que chega, Maria é atendida rapidamente enquanto Luana fica aguardando um parecer médico.

Após três horas esperando, finalmente o médico responsável pelo atendimento procura por Luana, que está sentada na recepção da clínica de alto padrão localizada na região mais nobre de São Paulo.

– É a senhora a responsável pela paciente Maria?

– Sim, doutor – diz Luana.

– Bom dia!

– Bom dia, doutor.

– Eu me chamo Ricardo, sou o cardiologista do plantão.

– Muito prazer – diz Luana, estendendo a mão direita.

Após cumprimentá-la, Ricardo convida Luana para sentar-se em uma confortável cadeira colocada em frente a uma linda jardineira num local estrategicamente elaborado para este fim.

– Sente-se, por favor – diz Ricardo.

– Obrigada, doutor.

– Qual o seu grau de parentesco com Maria?

– Ela é nossa empregada lá em casa. Aliás, empregada não, ela é um membro muito importante de nossa família.

– Bom, então posso ir direto ao assunto?

– Sim, doutor, por favor – diz Luana.

– Então vamos lá: a Maria teve um Acidente Vascular Encefálico, conhecido popularmente como AVE.

– Eu conheço essa doença – diz Luana.

– Então, agora nós precisaremos avaliar os danos causados a ela. Ela pode apresentar paralisação ou dificuldade de movimentação dos membros de um mesmo lado do corpo, dificuldade na fala ou articulação das palavras e déficit visual súbito de uma parte do campo visual. Pode, ainda, evoluir com coma e outros sinais. Na verdade, trata-se de uma emergência médica que pode evoluir com sequelas ou até mesmo com a morte. Eu consegui estabilizá-la. Agora temos que esperar alguns dias para verificarmos a reação dela aos medicamentos. E ela pode até mesmo sair deste quadro sem sequelas. Eu preciso de exames mais apurados. Preciso de tomografia e tudo mais.

– Meu Deus!

– Você tem uma religião?

O Amanhã nos Pertence

– Sim, doutor. Todos lá em casa somos espíritas.

– Então ore aos espíritos para que possam ajudá-la.

– Estou fazendo isso desde a hora em que saí de casa – diz Luana.

– É. Eu acho mesmo que seus amigos lhe ajudaram, pois se vocês demorassem mais uma hora eu certamente não estaria aqui lhe contando esta história.

– É, Ricardo?

– Sim, a rapidez do atendimento nestes casos é essencial para que consigamos reverter um quadro grave.

– Olha, veja como são as coisas... – diz Luana.

– Pois é. Uma hora a mais, e Maria já estaria morta.

– Que bom que isso não aconteceu! Meu Deus!

– Bem, senhorita, agora temos que esperar pelo efeito dos remédios.

– Obrigada, doutor – diz Luana se levantando.

– Ela está na UTI e ainda não pode receber visitas. Agora vá para sua casa e mantenha-se em contato conosco.

– Obrigada, doutor.

– Não vá sem antes eu lhe dizer uma coisa – diz Ricardo puxando Luana pelo braço e assentando-lhe novamente na cadeira:

– O acidente cerebral de Maria foi um acidente isquêmico, eu já apliquei toda a medicação. Se tudo der certo como planejei, vai desentupir a veia obstruída. E eu torço para a circulação voltar ao normal sem sequelas.

– Há esta possibilidade?

– Sim. Como lhe disse, foi um acidente isquêmico. Se os remédios não resolverem, vou sugerir um cateterismo. Mas não sem antes tentar com a medicação.

– O que faço, então? – pergunta Luana.

– Reze – diz o médico.

– Obrigada, doutor.

– De nada.

Nina e Rodrigo estão ao lado de Maria dentro da UTI.

– Olhe, Rodrigo, ela já está melhorando – diz Nina.

– Sim. Tenho certeza que Maria conseguirá sair desta sem sequelas.

– Graças a Deus, Daniel permitiu que ajudássemos Maria. Sabe, Rodrigo, eu me afeiçoei muito a ela – diz Nina.

– Eu também, estou afeiçoado a esta família.

Os dias passam e Maria consegue se recuperar sem sequelas. Rodrigo e Nina, em suas rotinas, todos os dias têm de passar pelo hospital para auxiliar na recuperação de Maria.

Luana acompanha tudo de perto junto com Mariza e Renato. Jonas torna-se seu namorado. Luana agora é uma tarefeira assídua do centro espírita. O casamento está marcado. E eles vivem um amor intenso. Mariza está totalmente recuperada e é outra mulher.

A vida é aquilo que você deseja diariamente.

André Luiz

Osmar Barbosa

O amanhã nos pertence

Colônia Amor & Caridade.

– Bom dia, Nina!

– Bom dia, Marques!

– Como você está?

– Estou muito bem e você?

– Trabalhando bastante – diz Marques, que é o secretário de Daniel. É ele quem cuida de todas as coisas relativas à administração da colônia.

– O que o traz para essas bandas, Marques?

– Daniel me pediu que viesse aqui e lhe informasse que ele deseja vê-la em sua sala acompanhada de Arzão.

– Então é para eu acordá-lo?

– Sim. Ele mandou você acordar o rapaz e levá-lo até sua sala.

– Está bem, avise-o que já estou indo.

Rodrigo se aproxima do grupo.

– Olá, Rodrigo!

– Olá, Marques!

– O que fazes aqui, Rodrigo? – pergunta Marques.

– Vim ajudar Nina com o Arzão.

– Ah, que bom que você está aqui, Rodrigo! Eu estava receosa em acordá-lo sozinha.

– Está com medo, Nina? – pergunta Marques. Se quiser, posso auxiliá-los.

– Não precisa, Marques. Deixe que eu vou ajudar a Nina, obrigado!

– *Ok*. Então estou indo e avisarei Daniel que vocês já estão a caminho.

– Faça isso, Marques, por favor – diz Rodrigo.

Marques sai da enfermaria deixando Rodrigo e Nina sozinhos ao lado de Arzão, que dorme profundamente.

– Vamos acordá-lo, Nina?

– Sim, vamos.

Rodrigo e Nina impõem suas mãos sobre a fronte de Arzão que lentamente começa a acordar.

– Onde estou? – pergunta Arzão, ainda perturbado.

– Você está na Colônia Espiritual Amor & Caridade – diz Rodrigo.

– Quem me trouxe para cá?

– Daniel lhe concedeu uma oportunidade.

– Eu não sei se quero uma oportunidade – diz Arzão.

– Você pode nos acompanhar até a sala de Daniel, e tenho certeza ele irá lhe mostrar o melhor caminho – diz Nina.

– Vamos, Arzão? – diz Rodrigo.

Arzão se põe de pé, e juntos, os três caminham até a sala de Daniel.

Daniel recepciona Arzão com alegria e entusiasmo.

– Olá, Arzão. Seja bem-vindo, meu amigo!

– Olá, Daniel! Vem você de novo com essa história de evoluir.

– Não. Hoje quero lhe mostrar uma coisa muito maior que isso. Por favor, sente-se – diz Daniel apontando uma confortável cadeira à frente de sua mesa.

Arzão senta-se. Rodrigo e Nina sentam-se ao seu lado e todos aguardam que Daniel se sente em seu lugar. Após dar a volta na mesa, Daniel se senta.

– Arzão, meu amigo, após longos anos, finalmente vou conseguir lhe mostrar como Deus é maravilhoso e tem um lugarzinho especial para você aqui nas colônias superiores.

– Daniel, eu optei por não evoluir. Eu não quero evoluir. Eu quero é destruir a vida e a felicidade de Mariza. Você sabe perfeitamente o que ela fez comigo. Você sabe que o que ela fez é imperdoável. Desde que ela matou a minha menina eu nunca mais tive sossego em meu coração.

Eu jamais vou perdoá-la por ter afastado minha filha de mim.

– Eu sei que você sofre procurando sua filha por todas as colônias. Eu sei de sua busca incansável para achar a sua menina. Eu mesmo tentei por diversas vezes encontrá-la – diz Daniel.

– Eu também já procurei por ela em diversas vibrações e não a encontrei – diz Rodrigo.

– Pois é, como é que vocês querem que eu perdoe a Mariza? Minha filha está condenada a viver em algum lugar que nós nem imaginamos. Como posso perdoá-la? Ela matou a minha menina envenenada. Ela me enfeitiçou e destruiu a minha família.

– Deus é misericordioso, você sabe disso!

– Comigo Ele nunca foi misericordioso – diz Arzão.

– Confie em mim – diz Daniel.

– Daniel, vocês até que são legais, mas eu quero voltar para o Umbral e viver a vida que escolhi – diz Arzão.

– Antes, quero lhe mostrar uma coisa – diz Daniel.

As luzes da sala diminuem e a tela atrás da mesa de Daniel desce. Ali começa a aparecer a vida de Arzão e sua família.

Joana, a filha de Arzão, desencarna vítima do envenenamento provocado por Mariza. Logo, ela é recebida na Colônia Redenção, por Júlio, o encarregado de recepcionar os espíritos que ali chegam.

Arzão fica emocionado ao ver a filha.

– Bem-vinda, Joana! – diz Júlio.

– Olá, Júlio, que bom que estou de volta!

– Sim, após esta prova difícil ao lado de Mariza e Arzão, seu pai.

– Sim, realmente não foi nada fácil para mim.

– Bom, agora é ajustar-se para voltar, se necessário for.

– Tomara que não precise mais voltar – diz a jovem ajeitando-se no leito de refazimento.

Descanse, que assim que tiver notícias de seu pai, eu lhe informo – diz Júlio.

Após alguns dias Júlio chama Joana à sua sala.

– Joana, como vai?

– Estou bem, Júlio.

– Infelizmente não tenho boas notícias para você.

– O que houve?

– Olhe – diz Júlio fluidificando uma tela e mostrando Arzão perseguindo Mariza por suas encarnações.

– Meu Deus, o que meu pai está fazendo?

– Ele está revoltado e quer vingar sua morte a qualquer custo.

– Mas por que ele não me procura aqui na colônia?

– Ele não consegue ascender à nossa colônia. Sua vibração baixa não lhe permite acessar informações sobre você.

– Mas isso não pode ficar assim!

– Mas é assim que está.

– Júlio, me conceda permissão para ajudar meu pai.

– Você já é um espírito de muita luz e pode ajudar Arzão.

– O que posso fazer?

– Bem, como ele vai demorar a reencarnar, você pode encarnar próximo a Mariza e ajudá-los.

– Estou disposta a isso.

– Vamos falar com os nossos superiores. E se me for permitido, reencarnarei ao lado de Mariza. Assim conseguirei ajudá-la, por ter me matado, e ajudarei meu pai a perdoá-la.

– Vamos falar com nossos superiores – diz Júlio. – Você tem certeza que é isso que você quer?

– Sim, é isso que quero.

– Então que seja feita a sua vontade.

Nesse momento Arzão desaba em choro. Nina abraça o mais novo amigo e ambos choram juntos.

– Perdoe-me, Daniel – diz Arzão.

– Não há o que lhe perdoar. Suas dores são suas marcas que certamente lhe auxiliam muito nesta nova caminhada espiritual. Sua filha agora está encarnada como Maria. Breve, ela estará de volta a Amor & Caridade e você poderá abraçá-la. Nós continuaremos nosso trabalho. Saibamos que o amor dEle é maior que qualquer sentimento, maior que qualquer diversidade e maior que todas as coisas imagináveis.

– Que Deus esteja comigo e me perdoe! – diz Arzão.

– Você agora é um novo ser. Agora Ele lhe perdoou e lhe deseja uma vida evolutiva.

– Graças a Deus! – diz Arzão, emocionado.

Todos se abraçam em Amor & Caridade.

Fim

*...O teu trabalho é a oficina
em que podes forjar a tua própria luz.*

Emmanuel

A vida é uma dança...

Quando uma porta se fecha, outra se abre; quando um caminho termina, outro começa... nada é estático no Universo, tudo se move sem parar e tudo se transforma sempre para melhor.

Habitue-se a pensar desta forma: tudo que chega é bom, tudo que parte também. É a dança da vida... dance-a da forma como ela se apresentar, sem apego ou resistência.

Não se apavore com as doenças... elas são despertadores, têm a missão de nos acordar. De outra forma permaneceríamos distraídos com as seduções do mundo material, esquecidos do que viemos fazer neste planeta. O universo nos mandou aqui para coisas mais importantes do que comer, dormir, pagar contas...

Viemos para realizar o Divino em nós. Toda inércia é um desserviço à obra divina. Há um mundo a ser transformado, seu papel é contribuir para deixá-lo melhor do que você o encontrou. Recursos para isso você tem, só falta a vontade de servir a Deus servindo aos homens.

Não diga que as pessoas são difíceis e que convivência entre seres humanos é impossível. Todos estão se esforçando para cumprir bem a missão que lhes foi confiada. Se você já anda mais firme, tenha paciência com os seus companheiros de jornada. Embora os caminhos sejam diferentes, estamos todos seguindo na mesma direção, em busca da mesma luz.

E sempre que a impaciência ameaçar a sua boa vontade com o caminhar de um semelhante, faça o exercício da compaixão. Ele vai ajudá-lo a perceber que na verdade ninguém está atrapalhando o seu caminho nem querendo lhe fazer nenhum mal, está apenas tentando ser feliz, assim como você.

Quando nos colocamos no lugar do outro, algo muito mágico acontece dentro de nós: o coração se abre, a generosidade se instala dentro dele e nasce a partir daí uma enorme compreensão acerca do propósito maior da existência, que é a prática do AMOR. Quando olhamos uma pessoa com os olhos do coração, percebemos o parentesco de nossas almas.

Somos uma só energia; juntos, formamos um imenso tecido de luz... Não existem as distâncias físicas. A Física Quântica já provou que é tudo uma ilusão. Estamos interligados por fios invisíveis que nos conectam ao Criador da vida. A minha tristeza contamina o bem-estar do meu vizinho, assim como a minha alegria entusiasma alguém do outro lado do mundo. É impossível ferir alguém sem ser ferido também, lembre-se disso.

O exercício diário da compaixão faz de nós seres humanos de primeira classe.

André Luiz

Não deixe de ler as obras psicografadas por Osmar Barbosa.

O editor

Esta obra foi composta na fonte Times New Roman corpo 12.
Rio de Janeiro, Brasil, inverno de 2016.